O Sol da Sabedoria

O Sol da Sabedoria

Ensinamentos do Nobre Nagarjuna
sobre a *Sabedoria Fundamental do Caminho do Meio*

Khenpo Tsültrim Gyamtso

Tradução de *Helena Patsis-Bolduc*

Copyright © 2003 Khenpo Tsültrim Gyamtso Rinpoche e Marpa Foundation

TÍTULO ORIGINAL EM INGLÊS
The Sun of Wisdom: Teachings on the Noble Nagarjuna's Fundamental Wisdom of the Middle Way

Tradução para o português | Copyright © 2017 Helena Patsis-Bolduc

© 2019 Centro de Estudos Budistas Bodisatva
Este livro é uma publicação do Centro de Estudos Budistas Bodisatva em parceria com a plataforma de comunicação Bodisatva e a Editora Peirópolis. Todos os direitos reservados. Nenhuma parte deste livro pode ser reproduzida em qualquer forma ou por qualquer meio, eletrônico ou mecânico, incluindo fotocópias, gravação, ou por qualquer armazenamento de informação e sistema de recuperação, sem a permissão por escrito pelo Centro de Estudos Budistas Bodisatva.

EDITORA *Renata Farhat Borges*
PREPARAÇÃO *Rafaela Valença*
REVISÃO *Rafaela Valença, Lia Beltrão, Ieda Estergilda, Dirlene Martins*
PROJETO GRÁFICO E DIAGRAMAÇÃO *Fernanda Moraes, Guilherme Erhardt*
PROJETO EDITORIAL *Lia Beltrão, Rafaela Valença*
IMAGEM DA CAPA *"Nagarjuna and Aryadeva After Situ's set of the 'Six Ornaments and Two Excellent Ones'". Obra de domínio público e autor desconhecido. Pigmentos em tecido. Província de Kham, Tibete Oriental, Século XIX. Pertencente – através de doação de Shelley e Donald Rubin – ao acervo do Rubin Museum of Art (C2006.66.167).*

1ª edição, 1ª reimpressão, 2022

Dados Internacionais de Catalogação na Publicação (CIP) de acordo com ISBD
Elaborado por Vagner Rodolfo da Silva - CRB-8/9410

G996s	Gyamtso, Khenpo Tsültrim	
	O sol da sabedoria: Ensinamentos do nobre Nagarjuna sobre a Sabedoria Fundamental do Caminho do Meio / Khenpo Tsültrim Gyamtso ; traduzido por Helena Patsis-Bolduc. São Paulo : Peirópolis/Viamão : Centro de Estudos Budistas Bodisatva, 2019. 272 p. ; 14cm x 21cm.	
	Tradução de: The Sun of Wisdom: Teachings on the Noble Nagarjuna's Fundamental Wisdom of the Middle Way. Inclui glossário.	
	ISBN: 978-85-7596-582-5 (Peirópolis)	
	ISBN: 978-85-94331-00-7 (Centro de Estudos Budistas Bodisatva)	
	ISBN: 978-85-7596-583-2 (Epub)	
	1. Budismo. I. Patsis-Bolduc, Helena. II. Título.	
2018-1651		CDD 294.3
		CDU 294.3

Índice para catálogo sistemático:
1. Budismo 294.3
2. Budismo 294.3

vendas@editorapeiropolis.com.br
www.editorapeiropolis.com.br

http://www.cebb.org.br/
http://www.bodisatva.com.br

Sumário

Apresentação por Dzigar Kongtrul Rinpoche   7
Prefácio da tradutora   9

Introdução   11
Homenagem de abertura   26
1   Uma análise das condições causais   28
2   Uma análise da vinda e da ida   35
3   Uma análise das origens da consciência   41
4   Uma análise dos agregados   48
5   Uma análise dos elementos   57
6   Uma análise do desejo e daquele que deseja   63
7   Uma análise dos compostos   68
8   Uma análise dos agentes e das ações   73
9   Uma análise do que vem primeiro   76
10 Uma análise do fogo e da lenha   81
11 Uma análise do samsara   87
12 Uma análise do sofrimento   92
13 Uma análise do exato modo de ser da realidade   98
14 Uma análise do contato   102
15 Uma análise dos eventos e da ausência de eventos   108
16 Uma análise do cativeiro e da liberdade   113
17 Uma análise das ações cármicas e seus resultados   122
18 Uma análise do ser e dos fenômenos   126
19 Uma análise do tempo   134
20 Uma análise da coleção de eventos   138
21 Uma análise do que aparece e se deteriora   145
22 Uma análise do Tatágata   148
23 Uma análise do que há de errado   153
24 Uma análise das quatro nobres verdades   160
25 Uma análise do nirvana   164
26 Uma análise dos doze elos da existência   173
27 Uma análise das interpretações   179

Homenagem Final 183

APÊNDICE I: *Versos Raiz da Sabedoria Fundamental do Caminho do Meio* 184
APÊNDICE II: *O Sutra do Coração da Sabedoria* 196
APÊNDICE III: *As Vinte Naturezas do Vazio do texto Entrando no* 199
Caminho do Meio, de Chandrakirti
APÊNDICE IV: *Um Retrato Autêntico do Caminho do Meio:* 206
Uma canção de realização vajra do senhor dos iogues, de Milarepa

Biografia de Nagarjuna 209
Biografia de Khenpo Tsültrim Gyamtso 215

Notas 249
Glossário 259

Apresentação

por Dzigar Kongtrul Rinpoche

O texto intitulado *Mulamadyamikakarika,* de Arya Nagarjuna, é a base da escola Mahayana. Por meio de análise, Nagarjuna torna compreensível a visão do Caminho do Meio sobre a natureza do vazio. Com o raciocínio da origem interdependente, ele fornece uma chave para compreendermos os sutras que foram a fonte do Prajnaparamita. Ele elucida em grande profundidade o raciocínio do "vajra menor" que direciona à natureza não nascida e absoluta ao mostrar que o nascimento é ilusório – como um sonho ou exibição mágica.

Para aqueles que estão receptivos a receber esses ensinamentos, a amplitude e a profundidade do trabalho de Nagarjuna realçam o ponto de vista das escolas Realistas antigas*, especialmente a tradição Shravaka. Não é, no entanto, que o Caminho do Meio refute as visões do Realismo por sua superioridade. Em vez disso, como afirma Chandrakirti, os argumentos Realistas simplesmente não se sustentam quando a análise absoluta lhes é apresentada.

Os Realistas defendem a noção de que as Quatro Nobres Verdades são reais: o sofrimento é real; a causa do sofrimento é

---

* Os Realistas são: Vaibashikas, Sautrantikas (aqueles que acreditam no átomo indivisível e no momento indivisível e, portanto, na intrínseca natureza de cada um destes) e os Cittamatrins (que afirmam a mente cognitiva como intrínseca – a palavra em tibetano para intrínseco é *dentrup*). Desta forma, num sentido filosófico, os Realistas são aqueles que acreditam em uma natureza intrínseca que não é dependentemente originada e vazia por natureza.

real; existe um caminho real que elimina essa causa; e esse caminho leva a um nirvana real. Definido por Nagarjuna, a palavra "real" aqui significa intrínseco e, portanto, incondicional. Qualquer coisa condicional deve ser gerada de forma interdependente e, portanto, não pode ser real. Isto é, tudo o que tem origem interdependente é da natureza do vazio, do mesmo modo a natureza do vazio é de origem interdependente. A natureza do vazio e a interdependência estão unidos. Eles estão em união não apenas porque enxergamos isto no momento da análise, mas porque sua união é a base fundamental de tudo – o fundamento de toda a natureza.

Como Nagarjuna diz, quando entendemos que todas as coisas são vazias porque a origem interdependente de tudo o que surge é a natureza do vazio, não há nada mais deslumbrante e surpreendente do que os fenômenos e o desempenho do carma. Ao seguir seus argumentos, o leitor pode entender como tudo é mágico.

Os ensinamentos da natureza do vazio são a base fundamental que torna possível a perspectiva de o samsara e o nirvana serem inseparáveis. Quando se percebe essa inseparatividade, percebe-se o grande nirvana natural. Samsara e nirvana existem apenas do ponto de vista do espectador e não como destinos que existem fora de sua mente. A elucidação de Nagarjuna desses ensinamentos revolucionou a doutrina budista e tornou-se o alicerce de todas as escolas do Mantrayana.

Fico satisfeito por um grande iogue e erudito como Khenpo Tsültrim Gyamtso Rinpoche ter ensinado esse texto, que foi traduzido primeiro para o inglês e agora para o português. Tenho confiança na minha amiga Helena Bolduc, praticante de longa data e aluna dedicada do falecido Chögyam Trungpa Rinpoche e de Khenpo Tsültrim Gyamtso Rinpoche. Eu sei que ela fez ótimo trabalho traduzindo esse maravilhoso texto para sua língua natal. É com alegria que acolho empreendimentos como este, que ajudam a espalhar o Darma no mundo e pelo universo, promovendo mais compreensão sobre a interconexão entre a paz e o caminho do Darma.

Prefácio da tradutora

Os ensinamentos budistas sempre me inspiraram por serem extremamente poéticos. Conversei sobre isso com um amigo, poeta, também budista há muitos anos. Ele me explicou: os termos são poéticos porque têm significado múltiplo. É o caso da natureza do vazio.

A natureza do vazio tem grande conotação emocional. Gosto do exemplo da rosca, o biscoito em formato de argola. Em geral, quando mencionamos seu aspecto vazio, pensamos no centro. No budismo, porém, o vazio é a rosca.

Quanto a seu significado múltiplo, ela possui três. O primeiro é que tudo existe somente como causa de algo que existiu anteriormente. O segundo, que tudo é composto, uma combinação de diversos elementos ou de partes diferentes. E o terceiro, tudo passa. O conjunto dessas três qualidades é o que chamamos de natureza do vazio.

Ela não significa que não existimos. Pelo contrário, significa que somos tudo o mais, além do que pensamos ser. Se considerarmos que nossas fabricações mentais nos limitam, compreenderemos conceitos como "...a natureza genuína não constitui algo e também não constitui o nada".

Os termos "Caminho do Meio" e "natureza do vazio" são sinônimos. Eles serão usados alternadamente ao longo deste livro para demonstrar como sua validade foi constatada pelo filósofo Nagarjuna (séc. II ou III), por meio de vários raciocínios e da lógica filosófica.

Khenpo Tsültrim Gyamtso, o autor deste comentário sobre o texto original, lembra-nos repetidamente de que não precisamos ter medo da natureza do vazio. Seu maior sentido não é o de nos amedrontar, mas de nos libertar. Como ele diz, compreender o significado verdadeiro da natureza do vazio deixa a mente descontraída, ampla e desprendida. Por isso, concluímos que seu oposto também se aplica.

Todos nós temos um objetivo comum: queremos ser felizes. Mesmo assim, constantemente a felicidade escorrega. Durante os intervalos de felicidade e não felicidade, estamos perdendo tempo. Não reconhecemos o significado autêntico do que está acontecendo. Mas podemos reconhecer, somos capazes disso. As 27 análises apresentadas neste livro nos mostram, passo a passo, como fazê-lo. Essa é a principal mensagem do budismo, um assunto que se repete nas apresentações de todas as doutrinas budistas: a natureza do vazio significa nossa capacidade de ser muito mais do que imaginamos.

HELENA PATSIS-BOLDUC

Introdução

Quaisquer que sejam as atividades em que nos envolvamos, nossa motivação é muito importante. De acordo com a tradição do budismo Mahayana (Grande Veículo), a motivação que devemos cultivar é a da bodicita – a mente voltada na direção da iluminação suprema. Uma maneira de fazer isso é primeiramente pensar em nossos pais nesta vida e, a partir daí, expandir o amor e a compaixão que sentimos por eles na direção de todos os seres, até mesmo nossos inimigos. Acontece que todos os seres, até mesmo nossos inimigos, foram nossos pais inúmeras vezes e, por isso, foram incrivelmente bondosos conosco muitas vezes. O melhor que podemos fazer para retribuir essa bondade é conduzir esses seres ao estado de iluminação completa e perfeita, ao estado de budeidade. Para fazê-lo, precisamos escutar os ensinamentos do Darma autêntico, bem como refletir e meditar sobre eles, com todo o entusiasmo que possamos reunir. Essa é a motivação suprema da bodicita – por favor, faça dela um primeiro passo todas as vezes que ler, refletir ou meditar sobre os ensinamentos deste livro.

O tema deste livro é o texto conhecido como *A Sabedoria Fundamental do Caminho do Meio*, composto pelo nobre protetor Nagarjuna, um mestre especial na história do budismo. O Buda profetizou que Nagarjuna nasceria quatrocentos anos após sua própria morte e que ele explicaria seus ensinamentos de forma extensa e perfeita. Nagarjuna cumpriu essa profecia, tanto como professor de muitos alunos que também se tornariam grandes mestres, quanto como autor de textos que explicam e esclarecem o significado das palavras do Buda. Budistas e não budistas vêm estudando esses textos, desde o tempo de Nagarjuna até os dias atuais.

Os comentários de Nagarjuna compõem três coleções de textos principais que explicam, respectivamente, as três séries de ensinamentos do próprio Buda, conhecidas como os três giros da roda do Darma. Neste caso, no conjunto de composições conhecido como *Coletânea de Conselhos*, o foco de Nagarjuna está no primeiro giro da roda do Darma. Ele descreve como é dada à vida humana a inestimável oportunidade de praticar o Darma; como essa vida, bem como tudo o que se sabe e se vivencia nela, é impermanente; como o samsara – a existência cíclica na qual os seres confusos vagueiam eternamente de uma vida para a seguinte – é caracterizado pelo sofrimento contínuo, seja ele leve ou mais agudo; e como a prática do Darma conduz ao nirvana, o estado de liberação que de uma vez por todas transcende o sofrimento do samsara. Este é um breve resumo dos ensinamentos que o Buda deu na primeira vez em que girou a roda do Darma. Estes ensinamentos partem do ponto de vista de que as aparências se manifestam como realmente existentes em seu aspecto – o indivíduo, as vidas passadas e futuras desse indivíduo, os sofrimentos vivenciados por ele no samsara e a libertação que pode obter no nirvana existem exatamente da maneira como aparecem.

Nos giros intermediário e final da roda, o Buda descreve a natureza autêntica da realidade e explica que a aparência das coisas é diferente do que elas realmente são. O Buda ensinou que, dentre todas as maneiras sutis que progressivamente explicam a natureza intrínseca da realidade, a descrição conclusiva que se pode fazer é que a natureza autêntica da realidade é a natureza autêntica da mente, a união entre claridade luminosa e natureza do vazio. Entretanto, é difícil entender o que "união entre claridade luminosa e natureza do vazio" significa como afirmação inicial. Por isso, o Buda deu ensinamentos sobre os dois aspectos, a natureza do vazio e a claridade luminosa, separadamente e com muitos detalhes, nos sutras dos giros intermediário e final, respectivamente. Tendo entendido o que é a natureza do vazio e, depois, o que é a claridade luminosa, os discípulos poderão compreender com muito mais facilidade por que a realidade autêntica é, na verdade, a união de ambas.

Contudo, a profundidade e vastidão dos ensinamentos do Buda nos sutras são difíceis de serem entendidas pelas pessoas de modo geral. Por essa razão, Nagarjuna compôs *As Seis Coletâneas de Raciocínios*, para explicar o giro intermediário dos *Sutras da Sabedoria Transcendental* (os Sutras Prajnaparamita), e *A Coletânea dos Dezessete Louvores*, para explicar o giro final dos Sutras da Natureza Búdica. Dentre *As Seis Coletâneas de Raciocínios*, o principal texto é *A Sabedoria Fundamental do Caminho do Meio*.

O QUE É O CAMINHO DO MEIO?

Já que se trata de um comentário sobre o giro intermediário da roda do Darma, o tema principal de A *Sabedoria Fundamental do Caminho do Meio* é a natureza do vazio. Na verdade, os termos Caminho do Meio e "natureza do vazio" são sinônimos. Caminho do Meio significa que a natureza genuína dos fenômenos que vivenciamos está no meio, entre todos os extremos possíveis que possam ser concebidos pelo intelecto. A natureza intrínseca da realidade não pode ser descrita por nenhuma construção conceitual, por nenhum termo ou expressão convencional. Desse modo, ela não é existente, não é não existente, não constitui algo e também não constitui o nada, não é permanente nem extinta; não é a ausência dessas coisas nem está no meio delas, já que isso também é um extremo produzido conceitualmente. A natureza autêntica da realidade transcende todas as noções que possamos ter sobre o que ela possa ser. Essa também é a compreensão final da descrição da natureza do vazio do segundo giro. Basicamente, a natureza do vazio significa que a realidade autêntica é vazia de qualquer construção conceitual que possa tentar descrevê-la.

O caminho que conduz à percepção direta dessa natureza inconcebível e autêntica da realidade começa com a convicção na profunda visão sobre a natureza do vazio. Esse é um primeiro passo fundamental, porque não é suficiente apenas ler os ensinamentos que dizem: "Todos os fenômenos são da natureza do vazio; a natureza da realidade vai além dos conceitos" e, sem saber por que esses ensinamentos são corretos, simplesmente aceitá-los com fé cega. Se o fizermos, não removeremos nossas dúvidas, e nossa mera opinião de que os ensinamentos são válidos não nos ajudará em nada quando essas dúvidas vierem à tona. Entretanto, quando temos certeza em relação aos ensinamentos sobre a natureza do vazio, fica impossível surgirem dúvidas.

Nagarjuna nos ajuda a obter essa confiança por meio do uso do raciocínio lógico. Isso é especialmente importante em nossa época e era, em que a investigação acadêmica, a ciência e a tecnologia estão na vanguarda. Na alvorada do século 21, as pessoas são muito cultas e estão acostumadas a usar a inteligência para examinar e entender as coisas. O método de Nagarjuna está em perfeita harmonia com isso – ele nos ensina a determinar a natureza autêntica da realidade por nós mesmos, por intermédio da análise lógica de tudo o que surge. Com isso, podemos chegar a uma certeza estável na visão profunda. Muitos dos raciocínios lógicos de Nagarjuna negam a existência real das coisas e concluem que elas não existem realmente, que elas são vazias de natureza inerente. Isso faz com que algumas pessoas acreditem que a visão de Nagarjuna seja niilista – ele nega autores, ações, causas e resultados, o Buda e tudo o mais, no samsara e no nirvana. O que sobra então da nossa experiência? Qual a utilidade e o significado da vida, se tudo é vazio?

As três fases de análise

Consequentemente, torna-se muito importante saber o que o Buda ensinou, em três fases, a respeito da natureza da realidade. Primeiramente, para ensinar aos discípulos que as ações positivas precedem a felicidade e que as ações negativas precedem o sofrimento, o Buda deu ensinamentos sobre esses fatos como se eles fossem verdadeiros. Para ajudar os discípulos a renunciar ao samsara e ansiar pelo nirvana, ele ensinou sobre o sofrimento do samsara e a libertação do sofrimento pelo nirvana, como se fossem verdadeiros. Além disso, já que todos esses ensinamentos dependem da existência de um eu, o Buda ensinou sobre o eu que atua por intermédio de ações positivas e negativas, vivenciando seus resultados, que vagueia de existência em existência no samsara, podendo obter a liberação do nirvana, como se tudo isso fosse verdade. Essa foi a primeira fase dos ensinamentos, os ensinamentos do primeiro giro da roda, chamada fase de não análise – a não análise da natureza verídica dos fenômenos sobre a qual o Buda ensinou.

A segunda fase reflete o fato de que, depois de ganhar confiança na lei de causa e efeito, desenvolvendo renúncia ao samsara e anseio pelo nirvana, torna-se importante que os discípulos revertam esse apego a si mesmos e a esses fenômenos como sendo verdadeiramente existentes, pois esse apego, na verdade, impede que eles obtenham a liberação que almejam. Na segunda fase, o Buda ensinou que esses fenômenos não existem realmente. Por exemplo, no *Sutra do Coração da Sabedoria*, o Buda ensinou: "Não há o olho, o ouvido, o nariz, a língua, o corpo, a mente", etc. Essa segunda fase chama-se fase de pouca análise – nesse ponto, os fenômenos são analisados e percebe-se que eles não possuem natureza inerente, que são vazios de qualquer essência verdadeiramente existente.

Dessa maneira, podemos ver que precisamos dos ensinamentos sobre a não existência para reverter nosso apego às coisas como algo existente. A verdadeira natureza da realidade, entretanto, transcende tanto a noção de existência quanto a de não existência. Assim, na terceira fase, a fase de análise completa, o Buda ensinou que devemos também desistir do nosso apego à não existência se quisermos perceber a simplicidade, a ausência de fabricações conceituais, que vem a ser a essência suprema da realidade.

O Buda ensinou essas duas últimas fases no giro intermediário da roda do Darma. Das duas escolas filosóficas cujas explicações estão baseadas nesse giro intermediário, a escola dos Autonomistas do Caminho do Meio *(Svatantrika Madhyamaka)* enfatiza a segunda fase, a de pouca análise, enquanto a escola dos Consequencialistas do Caminho do Meio *(Prasangika Madhyamaka)* enfatiza a terceira fase, a de análise completa. A escola dos Autonomistas refuta a existência real e defende que a natureza do vazio é a natureza verdadeira da realidade; a escola dos Consequencialistas refuta a existência real, mas não coloca nada em seu lugar, pois seus proponentes acham que, se o fizessem, obscureceriam a compreensão do que significa estar livre de todas as fabricações conceituais, o que vem a ser a natureza verdadeira da própria realidade.

A Sabedoria Fundamental do Caminho do Meio ensina a partir do ponto de vista da segunda e terceira fases. Assim, tanto a escola dos Autonomistas como a dos Consequencialistas encontram suas raízes nesse texto. É importante identificar a qual fase um ensinamento específico do texto está se referindo para podermos vinculá-lo com as explicações de uma dessas duas escolas e também para entendermos seu propósito. Quando se trata de refutação da existência, seu propósito é nos ajudar a superar nosso apego às coisas como sendo reais; quando ensina a libertar-se de todas as fabricações conceituais, a intenção é a de nos ajudar a entender como a realidade encontra-se verdadeiramente além de todos os conceitos que possamos ter sobre ela.

Meras aparências que surgem de forma interdependente

Compreender essas três fases dos ensinamentos do Buda ressalta uma das maiores diferenças entre a visão do Caminho do Meio ensinada por Nagarjuna e a visão niilista. A visão niilista teria forte apego à noção da não existência, ao passo que, na terceira fase, o Caminho do Meio explica que a natureza da realidade transcende igualmente a existência e a não existência.

Uma visão niilista também negaria completamente a existência de vidas passadas e futuras, a lei de causa e efeito, o Buda precioso e supremo, o Darma, a Sanga, e assim por diante. O

Caminho do Meio, entretanto, não cai nesses extremos, pois ele não nega que todas essas coisas – e na verdade todos os fenômenos externos e internos que compõem o samsara e o nirvana – existem como meras aparências que surgem de forma interdependente. O melhor exemplo para nos ajudar a entender o significado disso é o da lua que aparece na superfície de uma poça de água. Quando estão presentes todas as condições: a lua cheia, um céu sem nuvens, um lago claro e limpo e um observador, a lua aparece claramente na superfície da água. Entretanto, se apenas uma dessas condições estiver ausente, ela não aparecerá. Portanto, a lua não possui o poder independente de decidir aparecer – seu aparecimento depende do encontro de todas essas causas e condições. Entretanto, ao mesmo tempo em que ela aparece, isso se trata apenas de uma mera aparência, pois não há existência verídica – nem sequer um átomo da lua pode ser encontrado em qualquer lugar na água. Assim, a lua na água é mera aparência de algo que não está realmente ali.

Da mesma maneira, todos os fenômenos do samsara e do nirvana aparecem devido ao encontro de causas e condições, e, ao mesmo tempo, a sabedoria precisa *(prajna)* que analisa sua verdadeira natureza não consegue encontrar o menor traço de existência real. Elas são manifestações vazias de qualquer essência substancial, como as luas d'água, mas, assim como as luas d'água, a natureza do vazio de sua essência não impede que elas apareçam claramente quando as causas e condições propícias se encontram. Essa é a verdade do surgimento interdependente, da união das manifestações e da natureza do vazio, que é a essência da visão do Caminho do Meio. Essa verdade liberta o Caminho do Meio do extremo do realismo, pois não sobrepõe a existência verdadeira à natureza da realidade genuína na qual nenhuma delas existe, libertando-o também do extremo do niilismo, pois não nega que tudo aparece devido ao encontro de causas e condições.

Chegar a uma convicção com base nessa perspectiva é inacreditavelmente benéfico, pois essa confiança nos ajuda a começar a exterminar a raiz de nosso sofrimento – nossa tendência confusa de apego às coisas como sendo realmente existentes. Como resultado de achar que as coisas realmente existem, nós nos tornamos apegados às coisas de que gostamos, temos aversão às coisas de que não gostamos e ficamos estupidamente indiferentes a tudo o mais. Essas vivências de apego, aversão e estupidez são chamadas de aflições mentais *(kleshas)* e, quando estamos sob essas influências, nossa mente fica agitada e acumulamos carma, o que significa que temos pensamentos confusos e agimos de modo confuso, em um esforço constante de obter o que queremos e de evitar o que nos desagrada. Entretanto, o único resultado de todos os nossos confusos esforços para obter a felicidade e evitar o sofrimento é nos encontrarmos ainda mais emaranhados nas aflições mentais, na esperança e no medo, no sofrimento de perder ou não conseguir o que queremos, ou de encontrar aquilo que não desejamos.

Se, entretanto, conseguirmos ver que as coisas não são realmente verdadeiras – que elas são meras aparências, cuja natureza verdadeira está além de qualquer conceito sobre o que elas possam ser – nossa experiência na vida, tanto em relação aos acontecimentos bons quanto aos ruins, será aberta, espaçosa e descontraída. Quando alguma coisa boa nos acontecer, seremos capazes de desfrutá-la de maneira relaxada, sem apego e sem medo de que ela acabe. Quando alguma coisa ruim acontecer, se reconhecermos sua verdadeira natureza, nós ficaremos descontraídos e nossa mente permanecerá imperturbável. Em resumo, conceber a verdadeira natureza da realidade promove paz interna, alegria autêntica e tranquilidade, que condições externas não conseguem perturbar.

Como Milarepa, o senhor dos iogues, descreve isso em uma canção de realização vajra chamada *Um Retrato Autêntico do Caminho do Meio*, também incluída neste livro: a natureza do vazio-aparência é "uma união vasta e espaçosa". Reconhecer que essa é a verdadeira natureza da realidade traz a experiência da abertura natural e espaçosa da realidade autêntica. Todos os mestres iluminados do passado descreveram a vivência de realização suprema justamente dessa maneira, e algumas de suas canções aparecem neste livro para nos dar uma ideia do que seja a vivência direta da realidade. Ao adquirir a convicção na natureza do vazio, em vez de acumular as causas do sofrimento, acumularemos causas que nos levarão à mesma realização que Milarepa e todos os outros mestres iluminados alcançaram.

Nossa atual confusão e as perspectivas de libertação ficam muito bem ilustradas no exemplo dos sonhos. Quando sonhamos e não sabemos que estamos sonhando, todas as formas, sons, cheiros, sabores e sensações táteis que parecemos perceber do lado de fora, e todos os pensamentos que parecemos ter do lado de dentro parecem ser reais; nós acreditamos que sejam reais e temos experiências adicionais que parecem confirmar essa realidade. Como resultado, vivenciamos o tumulto do apego ao material do sonho que achamos agradável, e do sofrimento, quando achamos que algo ou alguém está nos prejudicando, mesmo que durante todo o tempo não haja absolutamente nada real ali. Entretanto, se pudermos simplesmente reconhecer que estamos sonhando, todos os transtornos desaparecem. Vemos tudo o que aparece no sonho – aparências de limpo ou sujo, bom ou ruim, amigo e inimigo, felicidade, sofrimento e tudo o mais – como simples manifestações que não são reais. Elas são efetivamente da natureza da igualdade perfeita – não existe absolutamente a menor diferença entre elas. Vemos que a natureza verdadeira de todas essas aparências está além de todos os conceitos sobre o que elas possam ser. Então, por mais que o bem ou o mal pareçam acontecer, como sabemos que se trata apenas de um sonho, não precisamos nos fixar neles – podemos simplesmente vivenciar tudo o que acontece de maneira que não é perturbada pelas aflições mentais, de maneira aberta, espaçosa e descontraída. Podemos até mesmo fazer coisas como voar no céu.

Como as manifestações que ocorrem em um sonho, as formas, sons, cheiros, sabores e sensações táteis que percebemos do lado de fora durante o dia, bem como nossos pensamentos e estados mentais internos, são simples aparências destituídas de natureza inerente, são fenômenos que não existem realmente.

Aparecendo embora vazios, vazios embora aparecendo, todos os fenômenos que vivenciamos são a união do aparecimento com a natureza do vazio, como sonhos e ilusões. Quanto mais entendermos isso, menos perturbados ficaremos pelas aflições mentais – na verdade, mesmo quando as aflições mentais e o sofrimento surgirem, seremos capazes de saber que eles também são ilusórios e, com isso, gradualmente perdem a força e se dissolvem. Chegaremos a um discernimento cada vez mais profundo da natureza genuína da realidade, além dos conceitos, e esse discernimento ficará cada vez mais refinado, transformando-se finalmente na sabedoria da realização direta.

Sabedoria e compaixão ao mesmo tempo

Entretanto, o caminho Mahayana que conduz ao estado de iluminação completa e perfeita não é apenas o caminho da sabedoria que só reconhece a natureza do vazio – mais do que isso, é o caminho que combina ao mesmo tempo sabedoria e compaixão. Na verdade, a maneira mais fácil de compreender o que significa atingir a "iluminação completa e perfeita", ou budeidade, é saber que se trata do estado alcançado quando atingimos a medida máxima da sabedoria que reconhece a natureza do vazio e a medida máxima da compaixão pelos outros. Quando esse nível é alcançado, temos maior motivação e condições de beneficiar os outros e, ao colocar essa habilidade em ação de modo realmente infinito, damos um auxílio ilimitado aos outros, o que naturalmente também nos beneficia. Por essa razão, cultivar a compaixão pelos outros é um componente essencial da prática Mahayana.

E como devemos cultivar a compaixão? Dentre as várias diferentes maneiras que o Buda mencionou, todas importantes como ensinamentos, a que é especialmente relacionada com a visão do Caminho do Meio é a seguinte: por entender que a realidade é natureza do vazio-aparência, cultivamos a compaixão por todos os seres que sofrem porque erroneamente acreditam que as manifestações, especialmente as manifestações de sofrimento, existem realmente. Como Milarepa cantou certa vez: "Vejo esta vida como uma ilusão e um sonho, e cultivo a compaixão pelos seres que não reconhecem isso".

Essa é a resposta à pergunta mencionada anteriormente: do ponto de vista dos ensinamentos sobre a natureza do vazio do Caminho do Meio, qual o significado ou o propósito da vida? O propósito é seguir o exemplo de Milarepa, primeiramente treinando continuamente a visão de que todas as experiências da vida são apenas meras aparências que surgem de forma interdependente, cuja verdadeira natureza encontra-se além de conceitos fabricados, sendo aberta, espaçosa e descontraída; e, em segundo lugar, cultivando a compaixão por todos os seres que sofrem por não reconhecerem que essa é a genuína natureza da realidade. Devemos fazer tudo o que pudermos para ajudar os outros convencionalmente, por exemplo, praticando a generosidade com aqueles que necessitam e cuidando dos doentes; ao mesmo tempo, devemos constantemente orar com veemência para que no futuro possamos ajudar os seres a compreender a verdadeira natureza da realidade, porque, quando isso acontecer, eles estarão definitivamente livres do oceano de sofrimento do samsara. Para ajudá-los a obter tal compreensão, que é o maior antídoto contra o sofrimento e a que mais conduz à felicidade, nós mesmos precisamos obtê-la. Fazemos isso através do estudo, reflexão e meditação sobre os ensinamentos da natureza verídica da realidade, contidos em textos tão extraordinários quanto *A Sabedoria Fundamental do Caminho do Meio*. O maior propósito que poderíamos ter é nos dedicarmos dessa maneira ao treinamento do caminho Mahayana da união entre sabedoria e compaixão, cujo resultado é a obtenção da budeidade, de infinito benefício para incontáveis seres.

A RESPEITO DESTE LIVRO

O texto *A Sabedoria Fundamental do Caminho do Meio* é composto de 27 capítulos. Cada um em si é um comentário sobre as diferentes instruções dadas pelo Buda nos sutras incluídos no segundo giro da roda do Darma. Nagarjuna prova a validade dos ensinamentos do Buda com o raciocínio lógico. Os capítulos também respondem aos sucessivos argumentos apresentados a Nagarjuna por aqueles que acreditavam que as coisas existem verdadeiramente.

Em cada capítulo, Nagarjuna refutava com êxito cada um dos argumentos; seus oponentes criavam, então, mais um argumento que supunham provar que as coisas são reais. Nagarjuna refutava também esse, e assim por diante – por isso existem 27 capítulos! Todos eles são de grande benefício, pois nos ajudam a superar nossas dúvidas, as mesmas dúvidas que os oponentes de Nagarjuna tiveram.

Alguns dos capítulos são longos e os raciocínios lógicos apresentados são bem detalhados. Este livro examina os versos mais importantes de cada capítulo. Foi necessário proceder assim porque poucas pessoas hoje em dia têm tempo de estudar o texto inteiro. Nos tempos modernos, as pessoas precisam de um ensinamento sucinto do Darma que seja profundo, fácil de entender e acessível para a aplicação diária. À medida que lermos, refletirmos e meditarmos sobre os ensinamentos deste livro, atingiremos o âmago do texto de Nagarjuna de forma direta, que acrescentará muito ao nosso conhecimento preciso da autêntica natureza da realidade.

Existem semelhanças entre os capítulos quanto à inferência lógica e o raciocínio empregado para nos ajudar a ganhar convicção acerca da natureza do vazio. A semelhança entre os métodos facilita esses raciocínios lógicos e também nos auxilia a ver que são admiravelmente aplicáveis a uma grande variedade de assuntos. Perceber que esses mesmos raciocínios básicos são aplicados a diferentes assuntos aumenta a nossa familiaridade e vamos acumulando certeza quanto às suas conclusões. A natureza do vazio é o tema mais profundo e sutil que podemos tentar entender. Portanto, escutar ou ler sobre a natureza do vazio apenas uma vez nunca é suficiente. Em vez disso, precisamos analisá-la muitas vezes e continuamente cultivar a familiaridade com o seu significado profundo.

Ao mesmo tempo, este livro também inclui outras seleções de textos que ajudarão a aprofundar a compreensão sobre a natureza do vazio e a reforçar nossa certeza. O primeiro desses textos é o *Sutra do Coração da Sabedoria*, um dos ensinamentos mais concisos do Buda sobre a natureza do vazio, sendo, ao mesmo tempo, incrivelmente poderoso e profundo. Esse sutra foi, na verdade, proferido pelo grande Bodisatva Avalokiteshvara, mas, como ele o fez através da influência da graça divina do Buda, é considerado como um discurso do próprio Conquistador Transcendente. Ao analisar a natureza da realidade com inteligência, da maneira como Nagarjuna descreveu, conseguimos uma certeza estável nos ensinamentos desse sutra.

Além disso, ao perceber as semelhanças entre os ensinamentos do Buda e os de Nagarjuna, aumentamos nossa confiança em suas palavras. Também estão incluídos os versos que descrevem as 20 naturezas do vazio, a partir do texto do glorioso Chandrakirti[4], chamado *Entrando no Caminho do Meio*, um comentário sobre o significado da *Sabedoria Fundamental do Caminho do Meio*, de Nagarjuna. Na verdade, dentro da própria natureza do vazio, não existem distinções entre seus diferentes tipos, porque a verdadeira natureza da natureza do vazio transcende todos os conceitos que diferenciam uma coisa de outra. Por isso, do ponto de vista da realidade genuína, a natureza do vazio não pode ser dividida em 20 categorias diferentes ou classificações. Mas, quando o Buda ensinou as 20 naturezas do vazio, ele o fez a partir do ponto de vista dos 20 diferentes tipos de fenômenos, a cujas diversas aparências nos apegamos como sendo realmente existentes. Contemplar as 20 naturezas do vazio auxilia a libertar-nos passo a passo desse apego. As primeiras 16 naturezas do vazio formam uma apresentação extensa. Elas são resumidas em quatro.

Estudar o raciocínio de Nagarjuna torna acessível o entendimento das 20 naturezas do vazio e, nesse ponto, os versos de Chandrakirti ajudam muito na prática da meditação, podendo ser utilizados na prática de meditação analítica: recitamos os versos que descrevem uma natureza do vazio específica e analisamos com o raciocínio lógico que Nagarjuna apresenta para nos ajudar a ter certeza do significado dos versos. E simplesmente repousamos na meditação. Simplesmente repousamos na certeza produzida pela análise. Podemos repetir esse processo quantas vezes quisermos.

Machig Labdrön, a praticante mais famosa na história do Tibete, ensinou seus discípulos a meditar dessa forma sobre as 20 naturezas do vazio, como um método para ajudá-los a compreender o Prajnaparamita, a sabedoria transcendente que concebe a natureza do vazio, também chamada de Grande Mãe de todos os seres iluminados.

Finalmente, como já foi mencionado, este livro inclui a canção vajra de Milarepa, o senhor dos iogues, chamada *Um Retrato Autêntico do Caminho do Meio*. É uma das canções mais importantes de Milarepa, pois ensina a partir de um ponto de vista geral das escolas dos Autonomistas e dos Consequencialistas. Se o estudo desse texto importante de Nagarjuna, a base do Caminho do Meio, levar-nos a conjeturar sobre a perspectiva específica da tradição Kagyü a respeito de tais assuntos, a resposta encontra-se nessa canção de Milarepa, um dos fundadores da linhagem Kagyü. *Um Retrato Autêntico do Caminho do Meio* é uma canção curta, mas contém um significado profundo e vasto. Ela ensina que todos os fenômenos do samsara e do nirvana não existem realmente, mas, ao mesmo tempo, aparecem – existe uma simples manifestação das coisas, e essa manifestação é a união da aparência com a natureza do vazio. Por essa razão, é muito útil ler ou cantar essa canção, memorizá-la e meditar sobre o seu significado. Teremos assim uma ligação adequada com a visão profunda da linhagem e com Milarepa, aquele que a concebe plenamente.

Milarepa foi o único iogue na história do Tibete universalmente reconhecido por ter atingido a budeidade em uma só vida. Se tivermos fé nele, será muito benéfico cantar ou recitar o *Retrato Autêntico* enquanto estudamos os ensinamentos de Nagarjuna, pois nos ajudará a superar o medo da natureza do vazio. Se já tivermos certeza sobre a natureza do vazio, cantar as canções sobre ela invocadas pelos mestres realizados reforçará notavelmente nossa convicção.

Em geral, todos os versos neste livro formam um excelente apoio para desenvolver o conhecimento preciso da realidade genuína por meio do estudo, da reflexão e meditação. Devemos recitá-los o máximo possível, memorizá-los e refletir sobre eles, até que surja internamente uma certeza livre de dúvidas sobre o seu significado. Em seguida, devemos lembrar repetidas vezes seu significado para manter a compreensão fresca e estável. Sempre que possível, devemos usá-los como base de apoio para as práticas de meditação analítica e de repouso. Se fizermos tudo isso, com certeza o sol da sabedoria amanhecerá dentro de nós, para nosso benefício infinito e também dos outros.

Sobre a composição do livro

Durante sua excursão pela Europa e Estados Unidos, no ano de 2000, Khenpo Tsültrim Gyamtso Rinpoche, em várias ocasiões, escolheu explicar a grande obra do nobre protetor Nagarjuna, *A Sabedoria Fundamental do Caminho do Meio*.[1] O estilo de Rinpoche consistia em selecionar versos importantes de cada capítulo, como ponto de partida para o que, em tibetano, chama-se *chi don*, um resumo explanatório do texto inteiro. Rinpoche baseou seus ensinamentos no comentário do texto de Ju Mipham Rinpoche,[2] intitulado *Uma Joia da Potente Intenção de Nagarjuna Que Perfeitamente Esclarece a Natureza Intrínseca*.[3] Durante esses ensinamentos, tive a grande honra de ser o tradutor de Rinpoche.

Em resposta às diversas solicitações dos alunos para que essas explicações sobre *A Sabedoria Fundamental do Caminho do Meio* fossem publicadas sob a forma escrita, Rinpoche deu instruções para que este livro fosse compilado a partir de ensinamentos que ele havia dado sobre o texto em três diferentes centros de Darma: Tekchen Kyetsal, na Espanha; Karma Ling, na França; e Karmê Chöling, nos Estados Unidos.

Homenagem de Abertura

>Eu me prostro àquele
>Que ensina que tudo que surge de forma
>   interdependente
>Sem surgimento, sem deterioração,
>Sem permanência, sem extinção,
>Não vem, não vai
>Nem é uma coisa nem várias coisas.
>Eu me prostro ao Buda perfeito, à autoridade
>   suprema entre todos os que se pronunciam,
>Àquele que dissolve completamente todas as
>   elaborações e ensina a paz.

Esse verso de homenagem com o qual Nagarjuna inicia explica-nos por que ter respeito pelo Buda. Por que ele é digno da nossa prostração? Porque o Buda ensina que todos os fenômenos do samsara e do nirvana são meras aparências que surgem de forma interdependente e, por isso, sua natureza verdadeira transcende os conceitos de manifestação e cessação, de permanência e extinção, de vinda e ida, de ser uma ou várias coisas.

Na verdade, a realidade essencial (*darmata*) transcende todas as fabricações mentais, e o Buda ensinou isso aos seus discípulos com muita clareza. Ele ensinou o caminho que elimina todos os conceitos e conduz à paz isenta do sofrimento do samsara. O sofrimento ocorre quando as coisas são consideradas reais – considerar amigos e inimigos, o nascimento e a morte, o limpo e o sujo e, em geral, a alegria e a dor como reais. O Buda ensinou que a verdadeira natureza da realidade efetivamente transcende todos esses conceitos – e ele também nos ensinou a reconhecer isso. Visto que colocar em prática as instruções do Buda nos leva à transcendência total do sofrimento e ao despertar da mente iluminada onisciente, essas instruções são as palavras mais importantes que já foram ditas e o próprio Buda é o ser supremo entre todos que se pronunciam. Por essas razões, ele é digno da nossa prostração.

CAPÍTULO 1

Uma Análise das Condições Causais

No *Sutra Suplicado por Mandröpa*, o Buda disse:

> Tudo o que surge condicionalmente não existe.
> Não possui a natureza do surgimento.
> Tudo o que depende de condições é explicado como vazio,
> E conhecer a natureza do vazio é a maneira de ser consciencioso.

Neste capítulo, Nagarjuna explica o significado desse trecho e prova sua validade com o raciocínio lógico. Nagarjuna compôs este capítulo porque as pessoas acreditam na realidade das condições causais. Como resultado, acreditam que as coisas de fato acontecem e que o que surge é real. Quando pensamos assim, fica difícil acreditar na natureza do vazio e confiar em que todos os fenômenos são vazios de existência inerente. Entretanto, para compreender a natureza intrínseca da realidade, é preciso compreender que nada jamais acontece realmente. É preciso compreender que surgimento e nascimento não são reais. Por essa razão, Nagarjuna examina as causas, as condições, o surgimento e prova que eles são de fato vazios de qualquer natureza inerente.

Vamos começar examinando esse verso proferido pelo Buda. Tudo que possa acontecer no samsara ou no nirvana só pode existir dependendo de suas causas e condições específicas. Não existe nada que possa surgir; não existe sequer um evento emergente que possa ocorrer sem a presença das causas e condições que fazem com que ele aconteça. Isso se aplica tanto a todos os fenômenos impuros do samsara quanto aos fenômenos puros do nirvana. O que quer que se apresente, só pode ocorrer dependendo de uma convergência específica de causas e condições. Caso contrário, não acontecerá.

Além disso, tudo o que surge em decorrência de causas e condições não surge realmente. Uma maneira de entender isso é perceber que não basta apenas uma única causa ou condição para que algo exista. Ao contrário, são necessárias muitas causas e condições para que um resultado específico ocorra.

Assim, se olharmos para um resultado específico e primeiramente percebermos que, para ocorrer, ele precisa da reunião de uma série de causas e condições, podemos, em seguida, observar essas causas e condições e ver que cada uma delas também precisa de um número incrível de outras causas e condições para poder acontecer. É possível retroceder cada vez mais e chegar às mais sutis causas e condições, mas descobriremos que elas também não têm existência independente, que só podem existir dependendo de suas inúmeras causas e condições. Compreendemos, então, que nada existe de maneira independente, com uma natureza própria, que nada existe verdadeiramente. Tudo é como um sonho e uma ilusão.

O mesmo pode ser dito em relação a todos os pensamentos que acontecem em nossa mente, sejam eles bons, ruins ou neutros. Não existe sequer um pensamento que possa surgir sozinho, que possa decidir aparecer e, então, nascer. Os pensamentos só podem surgir quando muitas causas e condições se reúnem para produzi-los. Como essas causas e condições também só existem em decorrência de suas próprias causas e condições, como essas outras causas e condições também precisam de suas próprias causas e condições, e assim sucessivamente, todos eles são vazios de existência inerente. O surgimento dos pensamentos é, portanto, vazio de qualquer natureza inerente.

Dessa forma, podemos ver que tudo o que surge na dependência de causas e condições é vazio de existência real, porque nem mesmo surge realmente. Reconhecer essa natureza do vazio é a melhor maneira de ser consciencioso, porque tudo que vivenciamos nesta vida é natureza do vazio-aparência; entretanto, se acreditarmos em sua realidade, por mais que tentemos permanecer conscienciosos, nossa confusão a respeito da natureza básica das nossas experiências nos tornará desatentos. Por outro lado, aqueles que adquirem uma certeza estável de que suas experiências são natureza do vazio-aparência e, portanto, não mais reais do que ilusões, entendem corretamente a natureza das coisas. Mesmo quando nos parecem desatentos, estão, na verdade, mais conscientes do que qualquer um!

No primeiro verso deste capítulo, lê-se:

> Nem de si, nem de outro,
> Nem de ambos e nem sem causa:
> As coisas não surgem
> Em nenhum lugar, em nenhuma hora.

Esse verso prova que as coisas não surgem, pois elas não provêm de nenhum dos quatro extremos: elas não emergem de si mesmas, de algo diferente de si mesmas, de si mesmas juntamente com algo além de si mesmas e de modo algum surgem sem causa. Essas são as quatro únicas causas possíveis das manifestações e, como nenhuma delas é válida, as coisas não surgem verdadeiramente. Portanto, nada existe verdadeiramente.

Por que as coisas não surgem de si mesmas? Se assim fosse, o termo surgimento não teria significado algum. Quando se diz que algo ocorre, isso significa que ele passa a ter nova existência. Entretanto, se as coisas surgissem de si mesmas, elas teriam que primeiramente existir para poderem então surgir de si mesmas! Qual o sentido de dizer que algo surgiu depois de já ser existente? Por que surgiria nesse ponto? Trata-se de uma falha desse argumento.

Outra falha dessa colocação é que, se as coisas de fato surgissem de si mesmas, seu surgimento jamais cessaria. Nesse caso, se surgissem depois de já existirem, o que impediria seu ressurgimento? O que observamos no mundo é que o processo de emergência cessa quando aquilo que surgiu passa a existir plenamente. Como foi descrito acima, entretanto, se as coisas emergissem de si mesmas, elas teriam de primeiro existir para poderem se autoproduzir. Teriam de ressurgir mesmo depois de já existirem. Elas existiriam, em seguida surgiriam, depois existiriam, e o que impediria sua necessidade de se manifestarem continuamente? O surgimento continuaria ininterrupto.

As coisas tampouco procedem de algo diferente de si mesmas; se assim o fizessem, surgiriam tanto de coisas que não seriam suas causas, quanto de coisas que seriam suas causas. Aqui, quando dizemos que duas coisas são diferentes uma da outra, quer dizer que não há conexão entre elas – elas são separadas, são entidades completamente independentes. Como um cavalo e uma vaca.

Assim, se as coisas emergissem de algo completamente separado e independente de si mesmas, elas seriam capazes de surgir de qualquer coisa. Não seria necessária nenhuma relação ou conexão para que uma coisa produzisse outra. A escuridão surgiria a partir do fogo, a cevada viria da semente de trigo, e assim por diante. Não haveria razão para que isso não acontecesse, já que coisas diferentes resultariam de coisas diferentes.

Mais uma razão para que as coisas não surjam de algo diferente delas mesmas é que, se assim fosse, a causa e o resultado existiriam ao mesmo tempo. Para que duas coisas possam ser diferentes uma da outra, é preciso, inicialmente, que existam duas coisas. Se há apenas uma, do que ela seria diferente? Tome como exemplo uma semente e um broto. Se o broto realmente procedesse de uma semente que é diferente dela, então o broto e a semente teriam de existir simultaneamente para poderem ser diferentes entre si. Se apenas um deles existisse de cada vez, não haveria o outro para poder haver diferença.

Entretanto, a causa e o resultado não coexistem – eles são sequenciais. Quando a semente existe, o broto não existe. Quando o broto existe, a semente não existe. Assim, não se pode dizer que a semente e o broto sejam diferentes um do outro porque só um deles existe de cada vez. Eles nunca existem simultaneamente, logo, nenhuma comparação pode ser feita entre eles. Não podemos dizer que são duas coisas diferentes, porque nunca há os "dois" juntos – só um deles está presente em um dado momento. Consequentemente, não se pode dizer que o broto resulta de uma semente diferente dele mesmo e, assim, fica contestado o surgimento proveniente de outra coisa.

A terceira possibilidade é que as coisas emergem da associação de si mesmas com algo diferente delas. O problema dessa colocação é que todas as falhas inerentes às duas primeiras colocações também podem ser atribuídas a esta terceira. Unir o que há de errado no primeiro ponto de vista com o que há de errado no segundo ponto de vista não extingue as falhas dessas duas lógicas – apenas combina as duas em um terceiro ponto de vista duplamente errado.

A quarta possibilidade é que as coisas emergem sem qualquer condição. Se assim fosse, elas surgiriam sempre ou não surgiriam nunca. Isso aconteceria porque o surgimento das coisas não se relacionaria com causas e condições. Desse modo, um resultado sempre surgiria porque, já que o seu surgimento não depende de causas e condições, ele aconteceria, quer suas causas e condições se reunissem ou não; ou nunca ocorreria, porque, já que não tem nenhuma relação com suas causas e condições, mesmo se elas se reunissem, não poderiam produzi-lo.

Além disso, se as coisas aparecem sem uma causa, todo o esforço que as pessoas fazem para que as coisas aconteçam seria em vão. Por que os fazendeiros plantariam sementes, se as plantações surgem sem nenhuma causa? Podemos ver que essa quarta possibilidade fica contestada por nossa própria experiência do mundo.

O que surge, portanto, não decorre de nenhuma dessas quatro maneiras possíveis e, por isso, não é real. Então, qual a natureza do que vemos acontecer no mundo o tempo todo? São apenas manifestações, como o que ocorre durante um sonho. Enquanto sonhamos e não sabemos que estamos sonhando, acreditamos que a manifestação que vemos acontecer no sonho seja realidade. Entretanto, no momento em que reconhecemos que estamos sonhando, entendemos que essa manifestação é apenas uma simples aparência sem a menor realidade. Em termos da natureza última do sonho, ela transcende tanto a noção de "realidade" quanto a de "falsidade" – ela é a igualdade do real e do falso que transcende a fabricação conceitual.

O mesmo é válido para as aparências que emergem durante o dia. Quando não as analisamos, elas parecem ser realidades e achamos que são reais. No nível da análise não detalhada, podemos aplicar as razões descritas anteriormente e concluir que o que surge, afinal, não é real – é apenas uma simples aparência. Finalmente, no nível da análise profunda, descobrimos que a verdadeira natureza do que surge transcende a existência e a não existência – ela é a igualdade de ambas. É assim que as três fases – não análise, análise não detalhada e análise profunda – aplicam-se ao que ocorre durante o dia e em nossos sonhos.

Na tradição do Mahamudra, o profundo conjunto de instruções que descreve a real natureza da mente e como meditar sobre ela, explica-se que a mente não emerge, permanece ou cessa. É por meio da análise descrita neste capítulo que conseguimos entender isso. O mesmo se aplica ao sofrimento – o sofrimento não resulta de nenhum dos quatro extremos e, por isso, ele não acontece de fato, não emerge, permanece ou cessa realmente. Entretanto, em virtude de nossa confusa crença na realidade do sofrimento, achamos que estamos sofrendo, quando de fato isso não acontece.

Seguindo essa mesma linha, na canção *Sem Nascimento, Sem Fundamento e União*, Milarepa, o senhor dos iogues, entoou:

A verdadeira natureza das aparências é que elas
nunca nasceram.
Se o nascimento parece acontecer, isso não
passa de apego, nada mais.
A roda cíclica da existência não tem nem
fundamento nem raiz.
Se há um fundamento ou raiz, isso não passa de um
pensamento.

É importante entender o que Milarepa pensava sobre tudo isso. A própria identidade do que as coisas são é que elas nunca acontecem; elas nunca chegam a existir. Então, o que está acontecendo quando parecemos perceber uma ocorrência? É apenas nosso apego, nossa errônea percepção de algo que não está realmente ali. De modo semelhante, a natureza do ciclo de existência do samsara é que ele não possui fundamento, não tem uma base identificável, um suporte ou uma origem. Quando acreditamos que há um fundamento ou raiz para nossa existência, são apenas nossos próprios pensamentos confusos que acreditam nisso, nada mais.

É muito importante separar a forma como as coisas aparecem da forma como elas realmente são. Enquanto não fizermos isso, continuaremos a achar que nosso modo confuso de perceber as coisas é válido e nunca obteremos a libertação do sofrimento causado por essa confusão. Precisamos começar a perceber que a verdadeira natureza da realidade não é como ela superficialmente se apresenta a nós.

CAPÍTULO 2

UMA ANÁLISE DA VINDA E DA IDA

No *Sutra Rogado pelo Bodisatva "Inteligência Brilhante"*, o Buda ensinou:

> A forma não vem e não vai.

Neste capítulo, Nagarjuna prova a validade dessa afirmação com o raciocínio lógico. Nagarjuna compôs este capítulo em resposta àqueles que afirmam: "As coisas não são iguais à natureza do vazio porque elas vêm e vão – vemos que elas vêm e vão o tempo todo, então como poderiam não existir?". Isso é o que acontece com os seres confusos: vemos as coisas vindo e indo, achamos que esse vir e ir é real e temos experiências que parecem confirmar o que nos parece real. Como resultado dessas três ocorrências, concluímos que os fenômenos não são vazios de existência intrínseca. Assim, foi necessário que Nagarjuna demonstrasse que o ir e o vir não existem realmente, a fim de auxiliar seus oponentes, e também a nós, a entender que as coisas têm efetivamente a natureza do vazio.

Essas três ocorrências – a vinda e a ida parecerem reais, acreditarmos nessa realidade e termos experiências adicionais em relação a elas que parecem confirmar nossa convicção – não são suficientes para provar que a vinda e a ida existem realmente. Todas essas coisas acontecem nos sonhos, por exemplo, e nem por isso são reais. De modo semelhante, elas acontecem nas ilusões, nos filmes, nos e-mails e nas luas d'água. Todos esses exemplos de formas vazias demonstram que a aparência de realidade não prova que algo seja real.

Pense em todas as formas e cores, em todas as figuras que nos aparecem durante os sonhos. Tudo que possa surgir no sonho não vem de lugar algum, não vai a lugar algum. De modo semelhante, todos os seres sencientes, em todos os seis reinos do samsara, não vêm de nenhum lugar e não vão a nenhum lugar. Se os seres em samsara viessem de algum outro lugar, eles teriam de vir de um lugar que não fosse o samsara, ou seja, teriam vindo do nirvana para o samsara e depois voltariam para o nirvana. Entretanto, não é o que acontece – as coisas no samsara não vieram do nirvana para o samsara, não vieram de nenhum lugar, portanto, também não vão a nenhum lugar. A natureza verídica dos seres é vazia de vinda e ida.

Já que os próprios seres sencientes nem vêm nem vão, o mesmo deve ocorrer com a ignorância deles e com suas convicções equivocadas sobre a existência verdadeira do "eu", que são as raízes da existência cíclica, das aflições mentais resultantes e do sofrimento que delas decorre. Tudo isso não vem de nenhum lugar e não vai a lugar nenhum. Sua natureza transcende a vinda e a ida.

Nos Sutras do Prajnaparamita, os *Sutras da Sabedoria Transcendente,* o Buda ensinou que todos os fenômenos têm a natureza do vazio porque são vazios de vinda e ida. Por exemplo, no *Sutra do Coração da Sabedoria*, o Buda declarou:

> Não há nenhuma ignorância nem o fim da ignorância.

A ignorância não existe de fato porque ela não vem de nenhum lugar e não vai a lugar nenhum. Já que inicialmente ela não existe, também não pode ter um final verdadeiro. No primeiro verso desse capítulo, lê-se:

> No caminho que foi percorrido, não há nenhum movimento,
> No caminho que não foi percorrido, tampouco há movimento,

E em outro lugar além do caminho que foi percorrido
e do caminho que não o foi,
Os movimentos são de forma alguma perceptíveis.

Quando perguntamos: "O movimento de fato acontece?", temos de procurar pelo movimento no caminho onde ele teria acontecido se existisse verdadeiramente. Quando fazemos isso, podemos dizer que de fato não há movimento ao longo desse caminho, porque não há movimento na parte do caminho que já se percorreu, não há movimento na parte do caminho que ainda vamos percorrer e, entre os dois, absolutamente não há um lugar onde se possa ver algum movimento acontecendo. Portanto, por essas três razões, o movimento não existe.

O primeiro argumento – não há movimento no caminho que já foi percorrido – é válido porque já cruzamos aquela parte do caminho. Por definição, não há nada acontecendo ali, porque já nos movemos ao longo dessa parte do caminho. Ali não há mais nenhum movimento possível.

O segundo argumento também é válido. Não há movimento no caminho que ainda será percorrido, porque o movimento ainda não aconteceu. Ainda não ocorreu nenhum movimento, porque ninguém esteve ali. Assim, ali também não há movimento.

O terceiro argumento também procede – ou seja, não há nenhum movimento observável em uma parte do caminho que nem foi nem não foi percorrida. A razão disso é que essa parte do caminho não existe – não há esse lugar onde ainda não se esteve ou para onde iremos. Não há nada intermediário entre a parte do caminho em que já se esteve e a parte em que ainda não se esteve. Se dividirmos o caminho nessas duas partes, não encontraremos uma terceira parte. Portanto, ali também não há movimento.

De modo semelhante, não há um movimento presente, além do movimento que aconteceu no passado e do movimento que ainda não aconteceu no futuro; não há a ação do movimento. Alguém pode argumentar: "O movimento existe, já que, afinal de contas, existe o movimento presente das pernas caminhando". Na verdade, esse movimento é apenas uma simples aparência, pois, entre o movimento que já aconteceu e o movimento que ainda acontecerá, não há um momento presente – simplesmente não conseguimos encontrá-lo. Por exemplo, imagine os dedos movendo-se para frente e para trás. Em nenhum momento entre o movimento que já aconteceu e o que ainda acontecerá encontramos o menor instante no qual o movimento possa ocorrer. Quando refletimos dessa maneira perspicaz, não conseguimos encontrar nenhum movimento presente, qualquer que seja o ponto que observamos em um dado momento. A movimentação do dedo não existe, pois não há um movimento presente entre o que já aconteceu e o que ainda acontecerá.

Estale os dedos e veja se consegue encontrar esse estalo enquanto ele acontece. Está acontecendo no presente? Quando estalamos os dedos, isso é presente ou passado? O primeiro estalo que aconteceu está no passado – já acabou. O segundo estalo ainda não aconteceu, logo está no futuro. E entre os dois, não há o momento presente do estalo.

Essa análise não lida com os fatos de uma maneira comum; é uma análise que os examina do ponto de vista dos mais tênues momentos. Por exemplo, quando olhamos o estalo dos dedos, esse movimento pode ser dividido em 64 unidades individuais ou instantes, e esses são os mais tênues momentos que efetivamente podem ser medidos. Mas podemos ir mais além. Podemos examinar até mesmo esses momentos mais tênues e ver que eles também são compostos de milhões e bilhões de subinstantes, e que cada um deles é composto de um número infinito de outros subinstantes, até que finalmente compreendemos que não há realmente um momento – simplesmente não existe algo que possa ser chamado de "momento presente". Consequentemente, já que não existe um momento em que o movimento possa ocorrer, na realidade autêntica, ele não ocorre. Não há vinda nem ida.

Já que na realidade autêntica os fenômenos nem vêm nem vão e sua verdadeira natureza ultrapassa a vinda e a ida, também nosso sofrimento não vem de nenhum lugar nem vai a lugar nenhum. Isso se aplica também à veracidade de nossas aflições mentais – apegos, aversões, orgulho, ciúme e estupidez: elas nem vêm de nenhum lugar nem vão a lugar nenhum.

Finalmente, todos os nossos pensamentos – sejam profundos e nobres ou vis e ignóbeis – não vêm de nenhum lugar nem vão a lugar nenhum.

É importante usarmos nosso conhecimento de que as coisas nem vêm e nem vão em relação a três aspectos: nosso sofrimento, nossas aflições mentais e nossos pensamentos. Assim como as aparências, as vivências e os pensamentos que acontecem nos sonhos não vêm nem vão a lugar algum, o mesmo acontece com todos os fenômenos, e é dessa maneira que devemos analisar. Por exemplo, se nosso sofrimento e nossas aflições mentais nos fossem enviados por algum espírito maléfico, eles de fato viriam até nós de algum outro lugar. Se houvesse um criador que estivesse nos enviando todas essas experiências ruins, mais uma vez poderíamos dizer que elas vêm até nós de algum outro lugar. Entretanto, não é esse o caso. Por isso, o sofrimento, as aflições mentais e os pensamentos não chegam até nós de alguma outra parte e não vão a nenhum lugar quando se acabam em nós. Contudo, ainda existem manifestações superficiais, meras aparências que ocorrem devido ao encontro de causas e condições. É por isso que Milarepa, o senhor dos iogues, entoou no seu *Canção do Significado Profundo e Definitivo Entoado nos Picos Nevados*:

> Quando tiver a certeza de que o resultado da conduta
>   é luz luminosa,
> E tiver a certeza de que a interdependência é a natureza
>   do vazio,
> O autor e a ação refinados até desaparecerem –
> Essa forma de lidar com a conduta funciona muito bem!

Neste verso, Milarepa canta sua certeza de que as aparências surgem em dependência do encontro de causas e condições, e, ao mesmo tempo em que aparecem, não possuem uma natureza inerente – têm a natureza do vazio. Temos de nos dedicar para obter a mesma certeza de Milarepa.

Por essa razão, temos de tomar essa análise das coisas que nos mostra que elas nem vêm nem vão e aplicá-la ao nosso sofrimento, aflições mentais e pensamentos, percebendo que também eles nem vêm nem vão. Colocando isso em verso:

> Enquanto olhamos com nossos olhos, parece que as coisas vêm e vão,
> Quando analisamos com a inteligência, não conseguimos encontrar uma vinda ou ida sequer,
> Portanto, saiba que a vinda e a ida são como sonhos e luas na água.

Uma lua na água é um ótimo exemplo a ser lembrado nesta análise da vinda e da ida. Se uma lua d'água brilha em um lago e nós caminhamos ao seu redor pelo lado direito, devido ao encontro de certas causas e condições, a lua parece nos seguir pela direita. Entretanto, para os nossos amigos que estiverem caminhando pelo lado esquerdo, por causa de outras causas e condições, a lua parece segui-los pela esquerda! E para quem está parado, a lua parece imóvel! O tempo todo, contudo, não há absolutamente nenhuma lua se movendo. Da mesma forma, ao mesmo tempo em que as coisas parecem vir e ir devido ao encontro de causas e condições, na realidade não há nenhuma vinda ou ida. Colocando isso em verso:

> Quando analisamos com inteligência, não conseguimos encontrar nenhum sofrimento;
> Entretanto, o sofrimento é algo que vivenciamos diretamente.
> Então, saiba que o sofrimento é natureza do vazio-aparência, igual ao sofrimento em um sonho.

Quando tivermos certeza de que o sofrimento que aparece é vazio de vinda e ida, ele se dissolverá por si mesmo e vivenciaremos sua natureza intrínseca que é aberta, espaçosa e descontraída.

CAPÍTULO 3

UMA ANÁLISE DAS ORIGENS DA CONSCIÊNCIA

No *Sutra da Mãe Sublime, Prajnaparamita*, o Buda ensinou:

> O olho é vazio do olho.

Existem três versões dos *Sutras da Mãe Sublime, Prajnaparamita*: a versão extensa, a intermediária e a resumida. A extensa, ou numerosa, possui cem mil versos e abrange doze volumes. O significado do trecho aqui citado, proveniente da versão maior, é que o olho com o qual enxergamos é vazio de natureza inerente. É vazio de sua própria essência.

Assim como o olho, o ouvido, o nariz, a língua, o corpo e a mente são todos iguais – todas as seis origens internas da consciência (*ayatanas*) são vazias das suas próprias essências; elas são todas vazias do que aparentam ser.

Na *Oração de Aspiração do Mahamudra* de Karmapa Rangjung Dorje, lê-se na segunda linha do nono verso:

> Quanto à mente, ela não existe!
> A mente é vazia de essência.

Isso tem exatamente o mesmo significado: a mente não possui natureza inerente; ela é vazia de existência verídica.

O mesmo acontece em relação às seis origens externas da consciência: a forma é vazia de forma, o som é vazio de som, o odor é vazio de odor, o sabor é vazio de sabor, o tato é vazio de tato e os fenômenos que aparecem na consciência mental também são vazios de si mesmos. O exemplo que nos ajuda a entender isso com mais clareza é o que nos fala de quando essas doze origens da consciência aparecem em um sonho. Quando as doze origens da consciência aparecem nos sonhos, elas são meras aparências que surgem de forma dependente, vazias de si mesmas, vazias de serem qualquer coisa, vazias de qualquer natureza inerente. É sobre isso que devemos refletir.

O *Sutra do Coração da Sabedoria* mostra que não há "nenhum olho, nenhum ouvido, nariz, língua, corpo ou mente; nenhuma aparência, som, odor, sabor, tato ou fenômeno" passando pelas doze origens de consciência. Esse sutra não usa exatamente a mesma linguagem empregada na passagem do *Sutra da Mãe Sublime* aqui citado, mas o significado é o mesmo. Portanto, a declaração "Não há nenhum olho", por exemplo, não significa que não haja a aparência do olho, mas, sim, que o olho que aparece é, em essência, vazio.

Talvez você conheça a história da vida da famosa sidha[5] tibetana Machig Labdrön. Ela foi a leitora mais veloz da história do Tibete. Há, no Tibete, a tradição de ler todos os volumes dos ensinamentos do Buda, em ocasiões especiais, nos monastérios, conventos de monjas ou nas casas dos patrocinadores. Um bom leitor consegue ler um volume em um dia; uma pessoa excepcionalmente rápida consegue ler três volumes em um dia. Pois Machig Labdrön conseguia ler todos os doze volumes da versão extensa do *Sutra da Mãe Sublime*, *Prajnaparamita* em um único dia, o que ela fez, em determinada ocasião, por trinta dias consecutivos. Nessa ocasião, ela leu, por exemplo, que a forma, a primeira das seis origens externas da consciência, não é branca nem vermelha, não é retangular nem circular – a forma é vazia de natureza inerente. E como resultado da repetição, ela percebeu a natureza do vazio diretamente e passou a ser conhecida como a sidha do Prajnaparamita, a sidha que compreendeu a natureza do vazio por meio dos Sutras Prajnaparamita. Depois de sua morte, seu filho, Gyalwa Döndrup, entoou um cântico no qual louvava essa incrível proeza sem paralelo, pois, enquanto a maioria dos outros sidhas chega ao conhecimento por meio das práticas do Vajrayana[6], ela foi capaz de fazê-lo simplesmente lendo a descrição da natureza do vazio contida nos Sutras Prajnaparamita. Para honrar a proeza de sua mãe, Gyalwa Döndrup glorificou-a como "Mãe, a sidha mãe do Prajnaparamita". Assim, podemos ver como é realmente possível reconhecer a natureza da realidade por meio de uma compreensão da natureza do vazio. Meditando sobre a natureza do vazio, se formos competentes, nós também podemos nos tornar sidhas.

Nagarjuna compôs este capítulo como resposta aos que argumentavam que os fenômenos não são vazios, que eles realmente existem, porque cada uma das seis origens internas da consciência percebe seu respectivo objeto entre as seis origens externas. Por exemplo, eles diriam: "Esta flor existe porque meus olhos a percebem". Por isso, para ajudá-los a superar essa convicção equivocada, Nagarjuna analisou as origens da consciência e demonstrou que, na realidade, os fenômenos absolutamente não existem.

No decorrer dessa análise, Nagarjuna pergunta: "Se essas seis origens internas e seis origens externas da consciência realmente existem, o que acontece com sua sequência temporal?". Há três possibilidades: na primeira, as percepções internas da origem da consciência existem antes dos objetos que elas percebem; na segunda, os objetos percebidos existem antes dos sujeitos que as observam; e na terceira, os sujeitos que percebem e os objetos percebidos existem simultaneamente.

Na realidade, essas três possibilidades são logicamente impossíveis. O sujeito que percebe não pode existir antes do objeto percebido, pois, nesse caso, haveria um sujeito que percebe sem nenhum objeto a ser percebido. Do mesmo modo, não é possível que o objeto percebido exista antes do sujeito que o percebe, pois um objeto percebido não pode existir se não houver um sujeito que o percebe – a expressão 'objeto percebido' implica necessariamente a presença de um observador. Logo, o sujeito que percebe e o objeto percebido não podem existir sequencialmente.

Eles também não podem existir simultaneamente, porque duas coisas que existem simultaneamente não podem ter nenhuma conexão ou relação uma com a outra. Por exemplo, elas não podem ter uma relação de causa e efeito. Isto se deve ao fato de que, quando alguma coisa ocorre simultaneamente com alguma outra coisa, ela não pode ser a causa dessa segunda coisa. Ela só ocorre no mesmo instante em que seu suposto resultado acontece, então, como poderia produzir esse resultado? Ela não teria tempo de produzi-lo. Desse modo, as coisas que ocorrem simultaneamente somente o fazem de forma independente uma da outra.

Nesse caso, seria impossível que o objeto percebido e o sujeito que o percebe tivessem a mesma relação que existe quando duas coisas não relacionadas passam a existir simultaneamente, pois o objeto percebido e o sujeito que percebe são causa e efeito – a razão de haver uma consciência que percebe é que há um objeto a ser percebido. Se eles ocorressem simultaneamente, entretanto, não poderiam ter essa relação, pois o objeto percebido não poderia causar a ocorrência da consciência que percebe.

Assim, vemos que de fato não há como as origens internas e externas da consciência ocorrerem realmente, pois elas não podem ocorrer consecutivamente, não podem ocorrer simultaneamente e não existe nenhuma outra possibilidade. Então, o que elas são? São simples aparências, como ilusões, e-mails ou filmes. Elas não possuem existência verídica. Estale os dedos e analise: "O que acontece primeiro, o estalo ou a consciência do ouvido que o percebe?". Temos que analisar através da nossa própria experiência, então, como aconteceu? O estalo dos dedos aconteceu antes? A consciência do ouvido que percebe o estalo aconteceu primeiro? Ou o estalo dos dedos e a consciência do ouvido que percebe o estalo aconteceram ao mesmo tempo? O estalo que percebemos não poderia ter acontecido antes da consciência que o percebe, pois haveria um objeto percebido sem nenhum observador desse objeto. Do mesmo modo, a consciência que percebeu o estalo dos dedos não poderia ter ocorrido primeiramente, pois, nesse caso, ela teria chegado antes do estalo dos dedos que ela percebeu. E, finalmente, a consciência que percebe o estalo dos dedos e o próprio estalo não poderiam realmente acontecer simultaneamente, pois, se o fizessem, teriam de ser entidades não relacionadas – o estalo dos dedos não teria sido a causa do surgimento da consciência que o percebeu. E, assim, eles não existem consecutivamente, não existem simultaneamente e não existe nenhuma outra possibilidade. Dessa forma, o estalo dos dedos e a consciência que o percebeu foram simples aparências que ocorreram de forma interdependente, sem existência real.

Essa análise usa o raciocínio lógico que Nagarjuna aplicou inicialmente aos olhos que veem formas, mas, como acabamos de ver, também é utilizada para os ouvidos que escutam sons e para todas as outras experiências sensoriais. O verso que explica isso é o oitavo do capítulo:

> Saiba que esses raciocínios que refutam a faculdade
>   que enxerga,
> Refutam as faculdades que escutam, cheiram,
>   saboreiam, tocam e também as faculdades mentais,
> Refutam o ouvinte e as outras consciências que
>   percebem,
> Refutam sons e os outros objetos percebidos.

Às vezes, parece que o objeto existe antes da consciência que o percebeu. Por exemplo, quando acendemos uma vela pela manhã, se voltarmos alguns momentos mais tarde e olharmos novamente para ela, parece-nos que a chama da vela já existia antes da nossa percepção. Entretanto, não é exatamente isso que acontece, pois o que estamos fazendo nessa situação é misturar todas as séries contínuas de momentos da chama, achando que são a mesma coisa. No entanto, elas não são uma única coisa, porque cada momento é completamente individual, diferente de todos os demais. Cada instante individual da chama apenas ocorre em dependência do seu próprio conjunto independente de causas e condições, e, em seguida, passa a ser substituída por uma chama completamente diferente da que ocorreu no momento anterior. Assim, os momentos individuais da chama que começam e acabam, um após o outro, sucessivamente, não são todos a mesma coisa, mas, sim, várias coisas diferentes que apenas parecem iguais. Essa é a razão de nos enganarmos tão facilmente, achando que são uma coisa só. Logo, a chama da vela que percebemos quando voltamos à mesma sala, não existiu nem por um segundo sequer antes do momento em que nós a percebemos. Da mesma maneira, sempre que falarmos sobre um objeto percebido, qualquer que seja ele, estamos falando de algo cuja existência é apenas momentânea, percebida por uma consciência igualmente momentânea. Analisar dessa maneira perspicaz ajuda-nos a entender por que um objeto que é percebido não pode existir antes da consciência que o percebe.

Podemos observar o caso de um pai e seu filho e vermos que o pai não pode realmente existir antes do filho, o filho não pode existir antes do pai e eles também não podem existir simultaneamente. Desse modo, eles também não são reais. Se nos perguntarmos: "Quem vem primeiro, o pai ou o filho?", todo mundo responderia: "O pai vem primeiro". A razão disso é que as pessoas confundem um *continuum* inteiro de instantes separados com uma coisa só. Se fosse realmente o caso de o pai existir antes do filho, então o homem teria sido pai antes do nascimento do filho e, mesmo quando o homem era um menino, ele também teria sido um pai. Contudo, não é assim, porque cada instante no *continuum* da existência dele é diferente de todos os outros instantes. Precisamos entender que confundimos entidades individuais em um *continuum* com uma coisa só e que essas aparências confusas existem de acordo com uma convenção cotidiana. Aí, então, temos de diferenciar entre a aparência confusa das coisas e o que elas são verdadeiramente, o que pode ser feito com uma análise racional.

Assim, o pai não pode existir antes do filho porque, se assim fosse, ele seria um pai sem filho. O filho não pode existir antes do pai porque, se isso ocorresse, ele seria um filho sem pai. Eles tampouco podem existir simultaneamente porque, se eles existissem ao mesmo tempo, um não poderia fazer o outro existir. Por isso, eles não existem verdadeiramente. Eles não são reais. Então, o que eles são? São simples aparências que ocorrem devido ao encontro de causas e condições, como um sonho, como luas na água e arco-íris. Sua natureza intrínseca transcende fabricações conceituais. Ela é aberta, espaçosa e descontraída.

CAPÍTULO 4

Uma Análise dos Agregados

Os cinco agregados *(skandas)* são tudo o que está incluído na matéria e na mente. Em resumo, o agregado das formas inclui todos os fenômenos materiais. Nos seres sencientes, isso se refere ao corpo de cada um. Ele também inclui, de modo geral, toda a matéria, todos os objetos da percepção sensorial que existem no ambiente externo.

O agregado das *sensações* é definido como as experiências das nossas percepções, que achamos agradáveis, desagradáveis ou neutras.

O agregado das *discriminações* é definido como "apego às características" e refere-se a todos os nossos pensamentos sobre algo como sendo limpo ou sujo, quente ou frio, bom ou ruim, e assim por diante.

O agregado das *formações* inclui todos os outros pensamentos e emoções que vivenciamos. Alguns são positivos, como a fé, a não violência e uma diligência alegre; outros são negativos, como a ira, o ciúme e a arrogância; outros podem ser positivos ou negativos, como o arrependimento ou a análise. Esse agregado também inclui as entidades que são as fases da existência do que é material e mental, como o aparecimento, a permanência, a cessação e assim por diante – os estágios pelos quais passam a matéria e a mente.

Finalmente, o agregado das *consciências* refere-se às seis consciências fundamentais que percebem a essência dos seus respectivos objetos: a consciência sensorial dos olhos, ouvidos, nariz, língua, tato e a consciência mental

No *Sutra do Coração da Sabedoria*, Shariputra pergunta para Avalokiteshvara: "Como deveria treinar um filho ou filha de família nobre que deseja praticar a profunda sabedoria transcendente?". Com o poder da bênção do Buda, Avalokiteshvara pôde responder da seguinte maneira:

> "Shariputra, um filho ou filha de família nobre que deseja dedicar-se à profunda prática da sabedoria transcendente deve ver isso claramente, deve entender que os cinco agregados são vazios por natureza."

Em outro trecho dos *Sutras do Prajnaparamita*, o Buda ensinou:

> A forma é vazia de forma.

Neste capítulo, Nagarjuna prova a validade dessas instruções com o raciocínio lógico. Nagarjuna compôs este capítulo como resposta aos que alegavam que os agregados existem de fato, porque o Buda explicou-os nos seus ensinamentos do Abidarma[7]. O Buda os descreveu e por isso eles devem existir. Por isso, argumentaram, as doze origens da consciência, objeto da refutação de Nagarjuna no último capítulo, também existem, porque elas estão incluídas nos cinco agregados. Assim, tanto os cinco agregados como as doze origens da consciência existem e as coisas, afinal de contas, não são vazias – elas são reais. Para ajudá-los a entender que não é esse o caso, que as coisas são verdadeiramente vazias de uma existência real, Nagarjuna precisou demonstrar que os cinco agregados não existem realmente. Esse é o enfoque deste quarto capítulo.

O problema com a afirmação de que as coisas existem é que as pessoas acham que quando se diz que as coisas existem – quando a palavra existência é empregada – isso implica necessariamente uma verdadeira existência. De acordo com os proponentes do

Caminho do Meio, entretanto, as coisas na realidade convencional existem como mera aparência, com uma procedência interdependente. Por isso, dizer que as aparências convencionais existem não implica que elas sejam reais – elas são simples aparências que ocorrem devido ao encontro de causas e condições, como sonhos, ilusões, filmes e luas d'água.

Dentre os cinco agregados, Nagarjuna analisa o agregado das formas. Como ele é o mais comum, é o mais fácil de examinar. Ele o faz desdobrando o agregado das formas em seus componentes de causa e efeito. Dessa maneira, existem formas causais que consistem nos quatro grandes elementos da terra, água, fogo e vento, e formas resultantes que consistem nas cinco faculdades sensoriais, mais os cinco objetos que elas percebem – os resultados das diferentes combinações das formas causais. Nagarjuna separa as formas nessas duas categorias e observa como elas podem existir em seu inter-relacionamento. No capítulo anterior, Nagarjuna dividiu a origem da consciência em objetos percebidos e o sujeito que os percebe. Aqui, ele observa os agregados em termos de causas e efeitos, e por isso vemos que existem várias maneiras diferentes de analisar as coisas.

O verso raiz que define a posição deste capítulo é o primeiro:

> Se não fosse pela causa da forma,
> A forma não seria percebida.
> Se não fosse pelo que chamamos de "forma",
> A causa da forma também não apareceria.

Se o agregado das formas realmente existisse, as formas causais, ou seja, os quatro elementos principais e o que resulta deles – as cinco faculdades sensoriais com os seus cinco objetos – teriam de existir com o seguinte inter-relacionamento: a causa teria de existir antes do resultado, o resultado teria de existir antes da causa ou a causa e o resultado teriam de existir simultaneamente. É necessário examinar cada uma dessas possibilidades para ver se alguma delas é viável. Se, na verdade, nenhuma delas for logicamente possível, então podemos concluir que, de qualquer maneira, as formas realmente não existem.

A primeira hipótese é impossível porque a causa não pode existir antes do seu resultado. Se assim fosse, como ela seria uma causa? Alguma coisa só é causa quando produz um resultado, mas, se não existe um resultado, não há razão para chamar algo de causa – nada teve a função de causa e, por isso, ela não existe. Assim, a causa não pode existir antes do efeito. Nem pode o efeito existir antes da causa, pois, se existisse, teríamos um efeito que não foi produzido por nada. Seria um efeito que não teve causa. E, finalmente, causa e efeito não podem existir ao mesmo tempo, não podem existir simultaneamente, porque duas coisas que existem simultaneamente não podem ser causa e efeito – uma não tem a oportunidade de produzir a outra. As coisas não podem ter uma relação de causa e efeito quando ocorrem simultaneamente. Quando analisamos, percebemos que elas não podem ocorrer em sequência nem simultaneamente, e concluímos definitivamente que as formas que geram a causa e o efeito não existem de fato. Suas aparências são simplesmente como as aparências percebidas durante nossos sonhos.

Assim, do mesmo modo como analisamos as formas e concluímos que elas não existem de nenhuma maneira, que elas são apenas aparências de coisas que não existem realmente, como sonhos e ilusões, podemos também analisar tudo que está incluído nos outros quatro agregados, como Nagarjuna esclarece no sétimo verso:

> Sensações, discriminações, formações,
> Mentes e todas as coisas que ocorrem
> São sujeitas às mesmas etapas de análise
> Pelas quais as formas aqui passaram.

O que esse verso nos diz é que devemos analisar as sensações, discriminações, formações e consciências da mesma maneira como analisamos as formas. Da mesma maneira como mostramos que formas causais e resultantes não podem existir de fato – porque é logicamente impossível que elas existam em sequência ou simultaneamente e porque não há uma terceira alternativa – assim também devemos examinar tudo e ver que, quaisquer que sejam as causas ou os efeitos, nada existe realmente.

Dessa maneira, também podemos analisar todos os diferentes tipos de opostos. Por exemplo, o que vem primeiro: a escuridão ou a luz? Limpo ou sujo? Felicidade ou sofrimento? Qual deles realmente vem primeiro? Com base nessa análise, podemos ter certeza de que os fenômenos que ocorrem de forma interdependente não existem realmente, pois eles não podem existir um antes do outro nem simultaneamente, e não há nenhuma outra possibilidade. Mesmo assim, eles ainda aparecem, simples aparências que ocorrem de maneira interdependente, como as aparências em um sonho. Já que essas aparências ocorrem, não temos de achar que a realidade é o nada total. Não precisamos ter medo. Não devemos ter medo da natureza do vazio, pois o vazio não significa o nada total. A verdadeira natureza da realidade é natureza do vazio-aparência inseparáveis.

Neste mesmo capítulo, Nagarjuna também descreve a experiência do debate sobre os ensinamentos da natureza do vazio. O que acontece quando, durante um debate, alguém tenta contestar as explicações do Caminho do Meio sobre a natureza do vazio? O oitavo verso nos diz:

> Quando a natureza do vazio aparece em um debate,
> Todas as respostas que tentam provar a veracidade
>   da existência
> São sem fundamento.
> Pois elas são equivalentes à mesma tese a ser provada.

O que ocorre com os seguidores do Caminho do Meio que compreenderam a natureza verídica da realidade é que eles encontram pessoas que acreditam na real existência das coisas. Quando isso acontece, é necessário que eles expliquem a natureza do vazio a essas pessoas. Também é necessário contestá-las. O debate é uma forma muito boa de trazer à tona as dúvidas e enganos das pessoas que acreditam que as coisas são reais.

Durante um debate, primeiramente as pessoas que acreditam que as coisas realmente existem tentam provar que sua colocação é correta. Em seguida, os proponentes do Caminho do Meio demonstram que esse modo de pensar não é absolutamente válido. Então, as pessoas que acreditam que as coisas são reais contra-argumentam, justificando sua crença. Entretanto, qualquer que seja o exemplo que elas tentem usar, não é de modo algum um exemplo da realidade das coisas – na verdade, são exemplos da natureza do vazio. Qualquer que seja a resposta que elas tentem dar, não é uma resposta válida porque é tão vazia quanto o que elas tentam provar. Portanto, tudo o que dizem, na verdade, não prova seu ponto de vista, mas, sim, o ponto de vista do Caminho do Meio. Isso acontece porque elas não conseguem encontrar um exemplo de algo que exista verdadeiramente. Esse é o problema.

Por exemplo, as pessoas que querem dizer que algo existe de verdade apontam para diversas coisas que parecem ser reais, como rochas, diamantes e montanhas. Entretanto, para os proponentes do Caminho do Meio, rochas, diamantes e montanhas apenas comprovam seu principal argumento, pois essas coisas são tão vazias quanto as demais. Podem ser analisadas com o mesmo raciocínio usado neste capítulo que examina as formas e, da mesma maneira, pode ser demonstrado que são tão vazias quanto qualquer outra coisa.

O problema das pessoas que querem provar a existência das coisas é que todos os fenômenos necessitam igualmente de uma prova de sua existência. Assim, tudo que usam como prova dessa existência necessita também ser provado, tanto quanto o objeto cuja existência elas tentam estabelecer! Por exemplo, se alguém disser: "Esta mesa existe porque eu a vejo com os meus olhos", nesse caso, o que prova a existência dos olhos? Não se pode dizer: "Meus olhos existem porque eles enxergam a mesa", pois a existência da mesa é o que eles estavam tentando provar em primeiro lugar. Com isso, acabam andando em círculos.

Além disso, a experiência de enxergar uma mesa também ocorre durante um sonho, e isso não prova que ela seja real. Seu aparecimento quando estamos acordados também não estabelece a sua verdadeira existência. No nono verso, Nagarjuna mostra como aqueles que dizem que as coisas existem realmente não conseguem encontrar nenhum defeito nas explicações sobre a natureza do vazio:

> Quando são dadas explicações sobre a natureza do vazio,
> Quem tentar encontrar defeitos
> Não encontrará nenhum,
> Pois os defeitos são equivalentes à própria tese a ser provada.

Aqui, observamos o momento em que a natureza do vazio está sendo ensinada. Após os ensinamentos, alguém pode criticar, dizendo: "Se as coisas são vazias, então isso significa que não existem vidas passadas ou futuras. Não existe a causa e o efeito. Não existem as aflições mentais nem os inimigos, e não há o sofrimento no samsara nem a libertação no nirvana. Até mesmo as três mais raras e supremas, as três joias preciosas, não existem".[8]

Os proponentes do Caminho do Meio responderiam a cada uma dessas críticas dizendo: "Você tem razão! Todas as coisas mencionadas – vidas passadas e futuras, causas e efeitos, aflições mentais, inimigos, sofrimento, samsara, nirvana e as três joias raras e supremas – não existem realmente, pois elas são vazias de uma essência própria". E assim, tudo o que qualquer pessoa possa apontar como um defeito da visão do Caminho do Meio é, na verdade, vazio de sua própria essência. Portanto, é exatamente equivalente às teses que os ensinamentos do Caminho do Meio têm provado desde o início. Já que todos os próprios defeitos são da natureza do vazio, é impossível encontrar qualquer crítica válida aos ensinamentos do Caminho do Meio sobre a natureza do vazio.

É importante notar que, embora as coisas sejam vazias de existência intrínseca, elas ainda assim aparecem e ninguém pode negar isso. Por essa razão, os aparecimentos são definidos como meros aparecimentos. Enquanto são vazios, eles aparecem; e, enquanto aparecem, são vazios, como sonhos, ilusões e luas d'água.

Essa é uma breve explicação do significado essencial do quarto capítulo deste texto. Quando lermos e refletirmos sobre essas explicações nos capítulos seguintes da *Sabedoria Fundamental do Caminho do Meio*, saberemos se estamos tendo mais certeza sobre a natureza do vazio ou se estamos com mais medo dela. Ficará bem claro. O destemor em relação à natureza do vazio é uma qualidade adquirida no terceiro dos quatro níveis do caminho da junção, o nível da paciência[9]. Quando se atinge esse ponto, ficamos realmente sem receio da natureza do vazio. Antes disso, porém, ainda temos medo e, portanto, é preciso estar vigilante quanto a isso.

As pessoas que acreditam na existência das coisas têm medo da natureza do vazio por achar que isso significa que não existe absolutamente nada, que há um vácuo total, o que é amedrontador. Para neutralizar esse medo, ensina-se imediatamente que o mero aparecimento das coisas existe – a natureza do vazio não significa o desaparecimento de tudo o que percebemos e vivenciamos. Em vez disso, a natureza do vazio refere-se ao inexplicável, à realidade inconcebível que é a essência de todas as nossas percepções e experiências. Podemos meditar sobre ela e tentar cultivar essa compreensão, mas, se nossa meditação não tiver muito vigor, é porque ainda não temos certeza sobre a natureza do vazio. E, enquanto tivermos muitas dúvidas, nossa meditação sobre ela não será de grande utilidade.

Como explicou Gendun Chöpel[10], podemos examinar com nossa inteligência e ver que as coisas não existem realmente, mas, se nos machucarmos com uma agulha, teremos uma experiência vívida da existência e poderemos pensar: "Bem, afinal de contas, talvez exista realmente alguma coisa". Desse modo, quando analisamos com o raciocínio lógico, temos certeza de que as coisas não existem de fato, mas, mesmo assim, continuamos a ter experiências nas quais as coisas parecem ser reais, o que contradiz os resultados das nossas análises anteriores. Por isso é tão difícil ter certeza sobre a natureza do vazio.

Se não tivéssemos todas essas experiências que parecem ser tão reais e se não tivéssemos tanta certeza de que as coisas existem, seria fácil entender a natureza do vazio. Não seria necessário estudá-la tanto nem precisaríamos de tantas explicações. Entretanto, porque acreditamos firmemente na existência das coisas e porque continuamos a ter todas essas vivências que parecem confirmar nossa crença, fica difícil chegar à certeza sobre a natureza do vazio. É por isso que precisamos estudar tanto. É como se tivéssemos um sonho e não soubéssemos que estávamos sonhando. Se aparecesse alguém no sonho que nos dissesse: "Nada disso é real. Não existe realmente", não acreditaríamos facilmente.

A tradição de Nagarjuna não é uma tradição que simplesmente produz uma crença ou uma opinião de que as coisas são vazias e depois prossegue com a meditação baseada nesse princípio. Em vez disso, trata-se de uma tradição que cultiva, através da meditação, a certeza que foi adquirida com o raciocínio analítico. Se estudarmos este texto nos estágios em que ele é apresentado em seus capítulos – as 27 análises da natureza do vazio de diferentes tópicos – nossa certeza ficará definitivamente mais ampla, mais profunda e mais forte, e a nossa meditação será muito mais eficiente.

CAPÍTULO 5

UMA ANÁLISE DOS ELEMENTOS

Nos *Sutras do Prajnaparamita*, o Buda ensinou:

O elemento terra não possui natureza própria.

Esta é a única frase citada por Mipham Rinpoche no comentário. Nos sutras, o Buda fez declarações semelhantes a respeito dos outros elementos (*datus*) – água, fogo, vento, espaço e consciência – e dessa forma explicou a natureza do vazio dos elementos de maneira ampla. Neste capítulo, Nagarjuna prova a validade desses ensinamentos com o raciocínio lógico.

Aqueles que acreditavam que as coisas existem verdadeiramente alegavam que, já que o Buda deu ensinamentos sobre os elementos e suas características, eles necessariamente deveriam existir. Além disso, já que a origem da consciência e os agregados estão todos contidos nos elementos, estes também devem existir. Como a justificativa para acreditar na realidade das coisas era sua crença na existência dos elementos, foi necessário que Nagarjuna examinasse os elementos e demonstrasse que eles absolutamente não possuem existência verídica.

O primeiro verso desse capítulo diz:

O espaço não existe de modo algum
Antes das características que o definem.
Se o espaço existisse antes das características que o definem,

Ele existiria sem características definidoras.

Quando Nagarjuna analisou a origem da consciência, ele refutou sua existência a partir do ponto de vista da relação entre o sujeito que percebe e o objeto percebido. Quando ele examinou os agregados, ele rejeitou essa existência sob a perspectiva da relação entre as causas e os resultados. Aqui, quando analisa os elementos, ele o faz a partir da relação entre as características que definem as coisas, ou a base à qual será dado um nome específico, e o *definiendum*, aquilo que é definido por elas, o nome que é dado àquela base. Este capítulo mostrará que essa relação também não existe realmente.

Aqui, Nagarjuna examina o espaço que, com exceção da consciência, é o elemento mais sutil. Espaço é o nome, o *definiendum*, aquilo que é definido. As características que definem o espaço são que ele não obscurece nem obstrui nada, ou seja, ele é uma completa ausência de existência e é totalmente intangível. É assim que se define o espaço.

Se o espaço e suas características definidoras realmente existissem, eles teriam de existir ou em sequência ou simultaneamente. Se eles existissem em sequência, a primeira hipótese seria que o espaço, o *definiendum*, existiria antes das características que o definem. Entretanto, isso seria impossível, pois como algo que está sendo definido pode existir antes de qualquer característica que o defina? Se assim fosse, o espaço existiria sem suas características, sem suas qualidades de desobstrução e ausência de obscurecimento.

Também seria impossível que as características que o definem existissem antes do *definiendum*, pois como haveria características definidoras se não houvesse nada a ser definido? Para existirem, elas devem ser as características que definem alguma coisa. Portanto, essas características não podem existir antes do fenômeno que definem.

As características também não podem existir simultaneamente com o *definiendum*. Se assim fosse e se eles realmente existissem independentemente, não haveria nenhuma conexão entre eles. Eles seriam como uma vaca e um cavalo: seriam entidades independentes sem qualquer relação recíproca. Entretanto, não é o que acontece com as características de definição e o *definiendum*. É preciso haver alguma ligação entre eles, pois um depende do outro para existir. Se eles existissem simultaneamente, como entidades autônomas, não seriam interdependentes e, portanto, cada um existiria sem uma causa.

Precisamos entender o que significa dizer que alguma coisa realmente existe. Quais as características necessárias para que algo de fato exista? Essa existência teria de ser independente e dotada de uma natureza própria inerente, não dependendo de qualquer outra coisa nem sendo influenciada pela atuação de causas e condições. Se fosse assim, poderíamos dizer que ela é real.

Entretanto, para que sejam características de alguma coisa é preciso que exista algo que tenha essas características e vice-versa; para que haja uma característica que define é preciso haver um *definiendum* e vice-versa. Nesse caso, as características do espaço existem na dependência de algum espaço que possua essas características. Mas o espaço também só pode existir quando ele possui algumas características que o definem. Já que dependem um do outro para existir, eles não possuem natureza própria – eles não existem de fato.

Esse é o raciocínio lógico que dissipa qualquer crença na real existência do espaço e de suas características definidoras. Isso quer dizer que eles são completamente inexistentes? Não, não é isso. Ainda ocorre uma aparência de espaço e de todos os elementos que se manifesta de modo interdependente, exatamente como quando eles aparecem em sonho, como o aparecimento de uma lua d'água. Desse modo, não precisamos nos preocupar ou temer, porque a conclusão não é que os elementos sejam completamente inexistentes. Teríamos um grande problema se o espaço fosse inexistente, porque não poderíamos voar em aviões! O que acontece, de fato, é a simples aparência de espaço, que é a união do surgimento interdependente com a natureza do vazio. Existem vários raciocínios neste capítulo, porém, todos estão resumidos no sétimo verso:

> E, assim, o espaço não constitui algo e também não
> constitui o nada,
> Não é uma base para as características, suas
> características definidoras não existem
> E os outros cinco elementos são exatamente a
> mesma coisa.

Da mesma forma como examinamos o espaço, devemos analisar todos os outros elementos e suas respectivas características. Isso é fácil, porque aplicamos a mesma análise usada anteriormente. É como quando surge um novo estilo de roupa: uma vez que a roupa tenha sido feita em branco, é fácil copiar o mesmo modelo em vermelho, azul, verde ou qualquer outra cor! Assim, da mesma forma como observamos o espaço, devemos observar a terra e suas características de ser dura e obstruir. O fogo e suas características de ser quente e em combustão. A água e suas características de ser molhada e umectante. O vento e suas características de ser leve e em movimento. E a consciência e suas características de ser clara e ciente. Analisando-os dessa forma, veremos que nenhum deles existe de fato. Em todos esses casos, é impossível que as características que definem e o *definiendum* existam um antes do outro, é impossível que existam simultaneamente e não há nenhuma outra alternativa. Assim, todos eles são vazios de sua própria essência, a todos eles falta uma existência verdadeira.

Em uma análise profunda, percebe-se que a verdadeira natureza do espaço e de suas características é a ausência de qualquer fabricação conceitual. Não podemos dizer que eles constituem algo, pois quando analisados não encontramos nada; também não podemos dizer que eles não são nada, porque existe sua simples aparência que surge em decorrência de causas e condições. Por esse motivo, eles são a união do aparecimento e da natureza do vazio, cuja natureza vai além de todos os nossos conceitos sobre o que seriam. O mesmo se aplica a todos os outros elementos. No oitavo e último verso do capítulo, Nagarjuna acrescenta o comentário:

> Aqueles de pouca inteligência
> Enxergam as coisas como existentes ou não
>   existentes.
> Eles não enxergam que o que há para ser visto
> é a paz total e perfeita.

Quando não entendemos muito bem a realidade, achamos que as coisas existem, ou seja, que elas são reais, ou achamos que não existem, que não há absolutamente nada, nem mesmo uma simples manifestação. Esse modo de ver a existência e a não existência obscurece nossa compreensão da natureza legítima da realidade. A verdadeira natureza da realidade é paz, no sentido de que nenhum conceito fabricado pode descrevê-la corretamente. Não se pode dizer que seja existente ou não existente. Dentro dela, todas as fabricações conceituais encontram-se perfeitamente em paz.

Se colocarmos isso na forma de um raciocínio lógico, diríamos: aqueles de pouca inteligência não enxergam a realidade pura e livre de fabricações da existência e da não existência, porque acham que as coisas ou existem ou não existem. Pensam que há realmente algo ou que não há absolutamente nada. Eles não percebem que as aparências são simples manifestações que têm uma procedência interdependente e, por isso, não conseguem ver a natureza intrínseca da realidade que ultrapassa a conceituação.

Por outro lado, aqueles que têm muita inteligência são capazes de transcender a conceituação da existência e da não existência e enxergar a realidade pura. Não defendem a existência – eles não acham que as coisas são verdadeiras – nem a não existência, que seria achar que não existe absolutamente nada. Eles entendem perfeitamente a união do aparecimento com a natureza do vazio, da procedência interdependente com a natureza do vazio e isso os liberta de opiniões extremas. Eles nem sequer têm a pretensão de permanecer no "meio" entre os dois extremos, pois, se os extremos não existem, como haveria um meio entre eles? Como foi dito pelo Buda, no *Sutra do Rei do Samádi:*

"Existência" e "não existência" são ambos extremos,
"Puro" e "impuro" são o mesmo.
Portanto, abandonando todos os extremos,
O sábio não permanece nem sequer no meio.

Os sábios são completamente livres de todos os conceitos sobre a natureza autêntica da realidade, inclusive da conceituação dos extremos e até mesmo de algum ponto médio entre eles.

CAPÍTULO 6

UMA ANÁLISE DO DESEJO E DAQUELE QUE DESEJA

No *Sutra da Grande Mãe*, o Buda ensinou:

> O desejo é perfeitamente puro, portanto, as formas são perfeitamente puras.

O Buda explicou a pureza perfeita de uma maneira muito ampla. O desejo é perfeitamente puro porque tanto ele como aquele que o vivencia não existem de fato; eles não são verdadeiros. Portanto, não há nenhum defeito em ter desejo. Não há nenhum defeito no próprio desejo, pois ele não tem uma natureza inerente. Por isso, sua natureza é perfeitamente pura.

O desejo em si é perfeitamente puro. Por isso, aquele que deseja – aquele que tem o desejo – é perfeitamente puro e o objeto do desejo é perfeitamente puro. Em resumo, é assim que é.

Se a essência do desejo fosse de fato impura, aquele que deseja seria impuro e o objeto do desejo também o seria. Entretanto, já que a natureza essencial do desejo em um sonho é perfeitamente pura, já que ela é livre de qualquer mácula, a natureza daquele que sente o desejo é a pureza perfeita, sem nenhuma mácula, e a natureza do objeto do desejo é a pureza perfeita, sem nenhuma mácula. No *Sutra da Grande Mãe*, há um capítulo chamado *A Pureza Perfeita*, que consiste em vários volumes. Em um trecho desse capítulo, o Buda declara: "O desejo é perfeitamente puro e, portanto, as formas são perfeitamente puras. As formas são perfeitamente puras, portanto, a generosidade transcendente é perfeitamente pura. A generosidade transcendente é perfeitamente pura e, portanto, a onisciência do Buda é perfeitamente pura". Seria bom lermos esse capítulo, porque ele é fácil de entender e agrada muito aos leitores.

Nagarjuna compôs este capítulo que examina o desejo e aquele que deseja porque, mesmo após ter apresentado a análise da origem da consciência, dos agregados e dos elementos, e ter demonstrado sua inexistência, aqueles que afirmavam a veracidade da existência das coisas ainda defendiam seu ponto de vista, com base na existência das aflições mentais que delas decorrem. Por exemplo, o desejo existe e isso prova que os objetos que ele focaliza também existem, pois o desejo não existiria sem eles. Como a existência do desejo foi usada para tentar provar que as coisas existem, Nagarjuna precisou analisar e refutar a existência verídica do desejo e daquele que deseja.

O Vajrayana explica que as aflições mentais – os cinco venenos da ira, do desejo, da estupidez, do orgulho e do ciúme – são todos perfeitamente puros. Por isso, este capítulo que analisa exatamente esse assunto é muito importante na prática do Vajrayana. A análise deste capítulo é aplicável a todas as outras aflições mentais. Ela começa com o desejo, mas, a partir daí, pode ser utilizada com a ira, o orgulho, o ciúme e a estupidez. O foco é colocado explicitamente no desejo porque todos nós somos habitantes do reino do desejo. Todos os seres nesse reino, desde os menores insetos até os deuses e deusas mais poderosos, têm muitos desejos[11]. Por isso, é importante examinar o desejo e determinar que sua natureza é de fato perfeitamente pura. Gendun Chöpel compôs o seguinte verso:

> Formigas cegas correm em busca da felicidade,
> Vermes sem pernas rastejam em busca da felicidade,
> Em resumo, todos os seres não acham nada de mais
>   em passar uns por cima dos outros em busca da
>   felicidade –
> Todos os seres empenham-se apenas em ser felizes.

Aqui, o ponto crucial é que todos os seres no reino do desejo têm muitos desejos. Por isso, é essencial perceber que ele é perfeitamente puro. O primeiro verso desse capítulo nos ajuda a determinar a pureza do desejo e daquele que deseja:

> Se antes que o desejo existisse,
> Se, antes de qualquer desejo,
>   existisse alguém que deseja,
> Como resultado, haveria de fato o desejo,
> Pois, quando existe alguém que deseja,
>   existe também o desejo.

Aqui, estamos examinando aquele que deseja – tanto o indivíduo que deseja quanto a mente que vivencia o desejo – e o desejo em si. Podemos nos perguntar: se essas coisas existem realmente, qual sua sequência? Uma acontece antes da outra ou são simultâneas? Não podemos afirmar que o desejo exista antes daquele que deseja. Se assim fosse, haveria um desejo desincorporado flutuando por aí, sem ninguém que o vivencie, e isso não faria o menor sentido. Por outro lado, aquele que tem o desejo – o ser que deseja – não poderia existir antes do desejo em si, pois então haveria um indivíduo que deseja sem nenhum desejo. Nesse caso, arhats[12] e budas seriam indivíduos desejosos, pois, não importaria se o ser tivesse ou não o desejo para ser qualificado como um indivíduo que deseja. Isso também não faz sentido. O desejo e aquele que deseja não podem existir simultaneamente, pois se existissem ao mesmo tempo, cada um com sua própria natureza inerente, não haveria nenhuma conexão entre eles. Eles seriam duas coisas independentes, existindo separadamente, e cada um poderia ir para o seu lado. Um poderia cessar e o outro ainda poderia permanecer. Claramente não é esse o caso do desejo e daquele que tem o desejo – eles só podem existir em dependência mútua. Como eles não podem existir nem em sequência nem simultaneamente, o desejo e aquele que deseja não são reais; são apenas como as aparências de um sonho.

Precisamos empregar o mesmo raciocínio à ira e ao irado, à inveja e ao invejoso, ao orgulho e ao orgulhoso, e à estupidez e àquele que tem a estupidez. Podemos e devemos aplicar a mesma análise a todos eles. O Vajrayana nos instrui a incluir os cinco venenos como parte do caminho, o que é possível pelos motivos explicados neste capítulo. Na verdade, não existem outros motivos além desses. Podemos observar a ira e ver que antes que ela surja não há uma pessoa irada. Seria impossível haver um indivíduo irado antes da própria ira. Por exemplo, enquanto alguém está meditando sobre a benevolência, não existe uma pessoa irada; mas, se a ira surgir em seguida, haverá uma pessoa irada. Assim, a pessoa irada não existe antes da ira em si nem a ira existe antes daquele que está irado. Eles também não existem simultaneamente. Portanto, eles não existem verdadeiramente.

Podemos aplicar a mesma análise ao sofrimento. Precisamos examinar o sofrimento e aquele que sofre para ver qual deles vem primeiro e veremos que é logicamente impossível qualquer relação entre eles. Assim, nem o sofrimento nem aquele que sofre são verdadeiros.

Da mesma maneira, podemos observar a doença e aquele que está doente. O que vem primeiro, o indivíduo doente ou a doença em si? Se a pessoa doente existisse antes da própria doença, todos os seres saudáveis também seriam doentes. Na verdade, a doença depende de que haja um indivíduo que esteja doente e vice-versa, por isso, nenhum deles existe inerentemente. É importante saber disso. O grande sidha Gotsangpa,[13] no seu cântico de realização vajra chamado *Os Oito Casos da Bondade Fundamental*, disse que a doença não deve ser evitada, pois ela é fundamentalmente boa. Que as aflições mentais não devem ser evitadas, pois elas são fundamentalmente boas. E que o sofrimento não deve ser evitado, porque ele é fundamentalmente bom e nós precisamos saber os motivos dessas verdades.

O mesmo pode ser aplicado às expectativas de dificuldades futuras e aos problemas causados por essas expectativas.

Quando antecipamos dificuldades futuras, devemos examinar o que vem primeiro – aquele que terá esses problemas ou os problemas em si? Se as causas do sofrimento futuro não existirem, o próprio sofrimento futuro não existirá. Se o sofrimento futuro não existe em si mesmo, não podemos dizer que o indivíduo que sofrerá também exista. Consequentemente, a natureza verídica do sofrimento futuro é perfeitamente pura e a vivência dessa percepção é aberta, espaçosa e relaxante.

Dessa maneira, começando com o desejo, descobrimos que tudo que analisamos tem uma natureza perfeitamente pura. Além disso, podemos analisar outras coisas e ver que todas elas também têm uma natureza perfeitamente pura. Isso nos permite vivenciar cada vez mais a abertura, a imensidão e o relaxamento.

CAPÍTULO 7

Uma Análise dos Compostos

Nos sutras, o Buda ensinou:

> Considerando os compostos, os não compostos,
> as ações positivas e as negativas,
> Quando examinados com uma sabedoria precisa,
> não encontramos o menor traço de sua existência.

Quando analisamos as coisas e não encontramos o menor traço de sua existência, fica fácil entender a natureza do vazio. Para nos ajudar nesse empenho, Nagarjuna prova a validade desse ensinamento do Buda por meio do raciocínio lógico.

Existiam aqueles que alegavam que as coisas compostas são verdadeiras, porque uma coisa composta é definida por suas características de manifestação, permanência e cessação, e essas características são reais. Assim, para ajudá-los a entender que as entidades compostas são vazias de essência em si, Nagarjuna, neste capítulo, examina a manifestação, a permanência e a cessação, e demonstra que elas, afinal, não acontecem verdadeiramente.

Algumas pessoas perguntam quais são as características de algo que existe realmente. Se algo realmente existisse, ele existiria em si próprio, por si mesmo, objetivamente, sem depender de qualquer outra coisa.

Aqui, observamos a manifestação, a permanência e a cessação. Se elas realmente existissem, a manifestação existiria por si mesma, sem depender do conceito de cessação. Ela existiria completamente por si mesma. A permanência também existiria por si mesma, sem depender da manifestação ou da cessação. E, finalmente, a cessação existiria independentemente, sem nenhuma necessidade de que a manifestação ou a permanência ocorressem. Se assim fosse, poderíamos dizer que essas coisas realmente existem, que elas possuem uma natureza própria inerente. Entretanto, se analisarmos, veremos que cada uma delas depende das outras para existir. É por isso que o Caminho do Meio explica que essas coisas não possuem natureza própria, que elas são vazias de uma existência verídica.

Isso pode ser provado com o raciocínio lógico, da seguinte maneira: a manifestação não existe inerentemente, pois sua existência depende da cessação das suas causas – se suas causas não cessarem, não pode haver a manifestação de nenhum resultado, qualquer que seja ele. A permanência não existe inerentemente, pois ela depende da manifestação – a permanência só pode ocorrer após a manifestação de algo. E, finalmente, a cessação não existe inerentemente, pois ela só pode ocorrer se algo primeiro se manifestou e depois permaneceu por um determinado período. Portanto, a manifestação, a permanência e a cessação só podem existir em dependência mútua – para que uma exista, as outras têm de existir, mas, para que as outras existam, a primeira tem de existir. Consequentemente, elas não existem verdadeiramente. Elas são apenas aparências com uma procedência interdependente.

Nagarjuna sintetiza essas implicações no trigésimo terceiro verso:

> A manifestação, a permanência e a cessação
>   não existem
> E, portanto, os compostos não existem.
> Como as coisas compostas são totalmente
>   inexistentes,
> Como existiria qualquer coisa não composta?

As características que definem um fenômeno composto são que ele aparece devido a causas e condições, depois permanece e em seguida cessa. As características que definem um fenômeno não composto são que ele não aparece nem permanece ou cessa.[14]

Se colocarmos esse verso no formato de um raciocínio lógico, diríamos que: formas e tudo o mais – todas as coisas compostas – não existem inerentemente, porque não se manifestam, não permanecem e não cessam. É correto dizer que a manifestação, a permanência e a cessação não existem realmente, porque elas não têm uma existência inerente, mas apenas em dependência mútua.

Além disso, os fenômenos não compostos não existem realmente, pois sua existência depende dos fenômenos compostos e estes, em si mesmos, não existem realmente. Os fenômenos não compostos não se manifestam, permanecem ou cessam – eles são a ausência da manifestação, da permanência e da cessação. Se inicialmente essas três atividades não existem, como sua ausência existiria?

Para entender melhor isso, pense sobre um carro em um sonho. O carro é a aparência de um fenômeno composto que surgiu, permaneceu e cessou, e o espaço dentro do carro é o oposto disso – é um fenômeno não composto que nem aparece nem permanece ou cessa. Se o carro no sonho não existe realmente, como poderia o espaço dentro dele existir? Ambos não passam de meras aparências que surgem de forma interdependente.

Isso é algo que Nagarjuna explica no trigésimo quarto e último verso do capítulo – o quanto não é ilógico que a manifestação, a permanência e a cessação existam apenas como aparências que surgem de forma interdependente, sem natureza inerente:

> Como um sonho, como uma miragem,
> Como uma cidade de gandarvas,
> É assim que se ensina como é o nascimento,
>   a vida e a morte.

Sonhos, ilusões e cidades de gandarvas, todos são exemplos de "formas vazias" – coisas que aparecem sem ter existência real. Esses exemplos nos ajudam a entender como é possível que alguma coisa apareça vividamente e, ao mesmo tempo, não seja nem um pouco verdadeira. Gandarvas são uma espécie de espírito. Eles vivem em grandes comunidades e, quando olhamos a distância, parece haver uma cidade inteira, mas, quando nos aproximamos, eles desaparecem. Eles são um ótimo exemplo das grandes cidades que habitamos hoje em dia – quando não analisamos, parece haver uma quantidade enorme de habitantes, mas, a partir do momento em que olhamos mais de perto, não encontramos nenhum deles que exista de verdade. Por essa razão, todas essas pessoas são como simples aparências, como gandarvas.

No *Guia da Conduta de um Bodisatva*, o Bodisatva Shantideva ensina:

> Esses que vagueiam, esses seres que parecem
> um sonho, o que são eles?
> Se analisados, são como uma bananeira –
> Não se consegue fazer uma distinção definitiva
> Entre transcender a miséria ou não.

Os seres sencientes que vagueiam no samsara são como os seres que aparecem nos sonhos. Uma vez analisados, descobrimos que são como bananeiras – se olharmos uma bananeira, ela parece sólida, mas, quando descascamos as camadas do seu tronco, ele é oco. O mesmo acontece com os corpos dos seres sencientes. Parecem sólidos e verdadeiramente existentes, mas podemos também aplicar a análise das entidades compostas usada neste capítulo e descobrir que eles, afinal de contas, não possuem existência intrínseca, não possuem substância verdadeira, pois eles realmente não se manifestam, permanecem ou cessam. Desse modo, os seres sencientes são como uma aparência, uma ilusão.

No Mahayana, a meditação praticada entre as sessões formais de meditação é chamada de samádi, que enxerga tudo como sendo uma ilusão.[15] No Vajrayana, ela é denominada a prática do corpo ilusório impuro. Os nomes são diferentes, mas as instruções sobre como praticar são as mesmas: perceba todas as aparências das formas, sons, cheiros, sabores, tatos e pensamentos como aparentes, embora vazios, e vazios, embora aparentes. Entenda que tudo que vivenciamos é a união do aparente com a natureza do vazio, como ilusões e sonhos.

Hoje em dia é mais fácil do que nunca praticar o samádi que enxerga todas as coisas como sendo uma ilusão, porque a tecnologia moderna vem produzindo vários exemplos de formas vazias. Cinema, televisão, telefone, fax, e-mail, internet – todos são exemplos maravilhosos de como as coisas podem aparecer devido ao encontro de causas e condições e, ao mesmo tempo, ser vazias de uma natureza inerente. Nas grandes cidades existe todo tipo de luzes vibrantes e mensagens em movimento colocadas ao ar livre. Quando se entra em qualquer grande loja de departamentos, encontramos espelhos enormes nas paredes, repletos de imagens refletidas. Por isso, a cidade é um lugar esplêndido para praticar o samádi da ilusão.

CAPÍTULO 8

UMA ANÁLISE DOS AGENTES E DAS AÇÕES

Nos *Sutras da Mãe*, o Buda ensinou:

> Não se percebe nem o agente nem a ação.

Neste capítulo, Nagarjuna prova a validade dessa declaração por meio do raciocínio lógico.

Nagarjuna compôs este capítulo para responder ao argumento de que as ocorrências compostas existem realmente porque os agentes e suas ações existem. Para demonstrar as falhas dessa opinião, analisou os agentes e as ações para provar que, afinal de contas, eles não existem de fato.

Essa análise é feita por meio do exame de todas as relações possíveis entre agentes e ações. Se existem, eles acontecem sucessiva ou simultaneamente? Não é possível que seja sucessivamente, porque, primeiro, o agente não pode existir antes da ação. Se assim fosse, ele seria independente da ação. Assim, haveria aquele que executa uma ação, mesmo quando a ação não estivesse sendo executada. Por exemplo, se a ação fosse a de escrever uma carta e o agente fosse o autor dessa carta, nesse caso haveria o escritor da carta sem haver a ação de escrevê-la. Além disso, a ação não pode existir antes e independente do agente, pois, se esse fosse o caso, haveria uma ação que não é executada por um agente, o que seria impossível. Como o agente só pode existir quando há uma ação, mas a ação só pode existir quando há um agente, eles existem em dependência mútua e, assim, não têm nenhuma natureza própria. Eles não existem verdadeiramente.

A pergunta seguinte, então, seria: "Eu entendo que o agente não pode existir antes da ação e que a ação não pode existir antes do agente, mas por que eles não podem existir ao mesmo tempo?". Porque, se fosse o caso e se cada um possuísse sua própria natureza inerente, não haveria a menor relação entre eles – eles seriam duas ocorrências independentes. Dizer que os eventos existem inerentemente significa que não há interdependência entre eles. Aqui, entretanto, o único motivo para dizer que há um agente é porque há uma ação, e o único motivo para dizer que há uma ação é porque há um agente. Eles têm uma relação na qual um é a causa do outro. Eles dependem um do outro para existir. Por isso, eles não podem existir simultaneamente como entidades independentes. Se assim fosse, eles não teriam essa relação de dependência mútua. Como um cavalo e uma vaca, cada um poderia seguir seu próprio caminho, sem o menor efeito de um sobre o outro.

Se aplicarmos um raciocínio lógico, diríamos: nem o agente nem a ação possuem qualquer natureza em si mesmo, pois para um agente existir é preciso haver uma ação, mas a ação só pode existir em dependência do próprio agente. Como só existem em dependência mútua, eles não existem realmente.

Desse modo, agentes e ações não existem realmente, pois eles não existem independentemente um do outro. Entretanto, eles são simples aparências que surgem de forma interdependente e se manifestam devido ao encontro de causas e condições. Essa é a explicação de Nagarjuna no 12º verso:

> O agente existe em dependência de uma ação,
> A ação existe em dependência de um agente,
> E, além dessa relação,
> Não há nenhuma razão para eles existirem.

É muito bom conhecermos os versos principais desse texto, em vez de simplesmente aceitarmos uma explicação geral do seu significado, porque, assim, podemos ter certeza do que ele efetivamente está dizendo. Na verdade, existe a versão sânscrita, bem como a tradução tibetana e, hoje em dia, também traduções em inglês e em outras línguas. É interessante comparar essas diferentes versões, para chegar ao seu significado com mais exatidão. Usar pelo menos uma dessas versões como referência nos ajuda a compreender melhor o texto, de maneira mais segura.

Há três maneiras de entender os agentes e o desempenho de suas ações cármicas. Quando se explica aos iniciantes sobre o carma e os autores dessas ações cármicas, explica-se como se eles realmente existissem. Contudo, devemos entender que isso é a partir do ponto de vista sem análise, da perspectiva de que as aparências são a realidade, sem analisá-las. O próximo passo é a análise de compreensão exata. Como vimos aqui: agentes e ações não são verdadeiros, na realidade eles não existem em hipótese alguma. A compreensão máxima é que a natureza verídica dos agentes e das ações ultrapassa qualquer conceito, quer seja pensar que eles existem ou que eles não existem. A sua natureza verdadeira transcende esses dois conceitos, e essa terceira fase apresenta a maneira suprema de entender a realidade. É importante saber distinguir entre essas três fases: sem análise, análise não detalhada e análise aperfeiçoada. Assim, os ensinamentos do Buda se esclarecem sem contradições. Ao mesmo tempo, aumenta o nosso respeito por sua habilidade de, gradativamente, apresentar os níveis mais sutis e profundos dos ensinamentos.

CAPÍTULO 9

Uma Análise do Que Vem Primeiro

Nos sutras, o Buda ensinou:

> Tudo que é composto é vazio do indivíduo em si
> e dos fenômenos em si.

E também:

> Os seres scientes não existem e tampouco se
>   encontra uma força vital –
> Esses fenômenos são como bolhas de água e como
>   bananeiras,
> Como ilusões, como relâmpagos no céu,
> Como luas d'água, como miragens.

As palavras desse segundo verso são lindas – seria muito bom memorizá-las.

Neste capítulo, Nagarjuna explicará essas ocorrências e provará sua validade por meio do raciocínio lógico. Ele compôs este capítulo em resposta aos membros de cinco, dentre as dezoito subescolas do Shravakayana,[16] que afirmavam que o "indivíduo em si mesmo", ou seja, o indivíduo contido nos seres scientes, existe como uma essência. Nagarjuna analisa o ser do indivíduo e mostra que ele essencialmente não existe, mas que se trata de uma simples aparência que se manifesta devido ao encontro de causas e condições.

Este capítulo contém vários raciocínios lógicos que refutam a noção de que o indivíduo exista fundamentalmente. O 12º e último verso resume todos eles da seguinte maneira:

> Aquele que percebe não existe
> Antes, durante ou depois da experiência de enxergar
> e assim por diante.
> Sabendo disso, anulam-se todas as opiniões sobre
> a existência ou a não existência de uma pessoa
> que percebe.

A pessoa que enxerga o aspecto de uma forma não pode existir antes – ou seja, independente – da experiência de enxergá-la. Se assim fosse, ela sempre veria a mesma forma, o que é um absurdo. A razão é a seguinte: se um indivíduo for chamado de "aquele que enxerga a forma", é óbvio que ele vê alguma coisa e, assim, se aquele que vê a forma existisse independente da experiência de enxergá-la, o ser chamado de "aquele que vê a forma", para merecer esse nome, sempre enxergaria a mesma coisa. Esse também seria o caso de todos os outros objetos dos sentidos e daqueles que os vivenciam. Se aquele que vivencia existisse antes da própria experiência, o ser que vivencia sempre teria aquela experiência. Portanto, se aquele que escuta um som específico existisse antes de escutá-lo, então, esse indivíduo sempre escutaria o mesmo som. Se aquele que percebesse um cheiro específico existisse antes da experiência de cheirá-lo, então, aquele indivíduo sempre perceberia o mesmo cheiro. Se aquele que saboreasse um sabor específico existisse antes de prová-lo, então, aquele ser sempre saborearia o mesmo sabor. E, finalmente, se aquele que tem uma sensação corporal existisse antes de senti-la, então, esse indivíduo teria sempre a mesma sensação.

Por essa razão, nenhum ser pode existir antes da percepção das formas, dos sons, dos cheiros, dos sabores e das sensações táteis vivenciadas. Se assim o fizesse e se fosse um ser, ele seria um ser que enxerga uma forma sem ter visto nada, que escuta um som antes de ter escutado alguma coisa, que percebe os odores antes de cheirar qualquer coisa e assim por diante. Ele teria todas as experiências futuras ao mesmo tempo, pois seria a entidade que vivencia todas essas experiências antes de vivenciá-las. Se as entidades que vivenciam essas várias percepções fossem diferentes umas das outras, então, se todas elas existissem antes das próprias experiências, todas elas existiriam ao mesmo tempo em um só indivíduo, o que seria ilógico.

E ainda mais, se o ser que enxerga alguma coisa existisse, quando a experiência de enxergar acabasse, haveria um ser que vê sem nenhuma ocorrência visual, o que também seria logicamente impossível. E, finalmente, se o ser que tivesse a percepção existisse somente durante essa percepção, nem antes nem depois, esse ser existiria de repente, no momento da percepção, e, em seguida, deixaria de existir, assim que aquele momento acabasse.

Pode-se argumentar: "Mesmo que o indivíduo que vivencia uma percepção específica não exista antes da experiência, mas sim ao mesmo tempo em que ela ocorre, isso não significa que o ser que tem a experiência passou a existir somente naquele exato momento, porque em um momento o ser pode ser o indivíduo que vivencia uma forma e no momento seguinte o que vivencia um som e assim por diante".

A pergunta então passa a ser: o ser que ouve um som em um determinado momento é o mesmo ou é diferente do ser que enxerga uma forma no momento seguinte? Se ele fosse o mesmo em ambos os momentos, ou seja, se o ser com todas as suas qualidades fosse o mesmo de um momento para o outro, haveria uma falha: o ser com a qualidade de ter sido aquele que viu a forma existiria antes de surgir a experiência de ver aquela forma. Por outro lado, se os seres de cada momento fossem diferentes um do outro, a cada momento haveria um ser completamente diferente que instantaneamente surgiria e cessaria. E mais, ele não teria uma relação com nenhum dos seres que viessem antes ou depois dele. Entretanto, isso contradiz completamente a nossa noção de um ser com uma existência contínua no período inteiro de sua vida, sem mencionar vidas passadas e futuras. E, assim, esse argumento também é ilógico.

Portanto, o ser não pode existir realmente antes, durante ou depois da experiência das percepções. Mas, então, o que é o ser que aparentemente experimenta tudo isso? É apenas uma aparência que ocorre de maneira interdependente, semelhante ao ser que vivencia os acontecimentos em um sonho. Quando analisamos esse ser, não o encontramos. Por isso, não podemos dizer que ele existe e, visto que tem uma mera aparência, também não podemos dizer que seja completamente não existente. Consequentemente, sua natureza legítima é aparência e natureza do vazio inseparáveis, além de conceituações sobre existência, não existência ou qualquer outra possibilidade que possamos imaginar.

Devemos também empregar essa linha de raciocínio a outros aspectos da nossa existência. Por exemplo, temos de perguntar: aquele que tem fé existe antes da fé em si ou não? Aquele que tem um parecer incorreto existe antes do parecer incorreto ou não? Se o ser não existe antes dessas experiências, ele é apenas um ser ou existem seres diferentes? Examine e veja.

Essa análise também pode ser usada na vida de alguém como Ashoka, o grande rei do Darma, que primeiro fez muitas coisas negativas e, mais tarde, muitas coisas positivas. Aquele que agiu positivamente e o que o fez negativamente existiu antes dessas ações específicas? Se aquele que agiu de forma positiva e o que agiu de maneira negativa existiram antes dessas ações, eles existiram ao mesmo tempo, no mesmo indivíduo, como seres diferentes? Como eles existiram?

Se alguém fizer o voto de refúgio, podemos perguntar se ele existe antes da ação de fazer o voto ou não. Se ele existe dessa forma, então o ser que faz o voto de refúgio e o ser que não o faz existem ao mesmo tempo ou não?

Essa é uma maneira de analisar muito profunda e delicada e, ao mesmo tempo, fácil. Por isso devemos usá-la muito! Podemos aplicá-la a uma situação do cotidiano, como, por exemplo, alguém sem trabalho que depois passa a trabalhar. Existe o ser que está desempregado e depois o ser que começa a trabalhar – eles são o mesmo ser? O ser desempregado e o ser empregado são o mesmo ou são diferentes? Se o ser desempregado existe concomitantemente com o ser que está empregado, eles são o mesmo ou são seres diferentes, existindo ao mesmo tempo? Ou eles são seres diferentes existindo em tempos diferentes?

Quando analisamos dessa forma, alcançamos uma certeza extraordinária sobre a natureza do vazio do ser do indivíduo e da união do aparecimento com a natureza do vazio, que ultrapassa qualquer construção mental. Colocando isso em forma de verso, temos:

> Quando pensamos "eu existo" ou "eu não existo",
> É assim que caímos no realismo ou nos tornamos niilistas.
> Para conhecer sua própria natureza, pense em uma noite de céu claro
> E em um lago bonito, com uma lua que brilha radiante!
> Aparência e natureza do vazio, ninguém pode separar –
> É assim que devemos meditar!

CAPÍTULO 10

Uma Análise do Fogo e da Lenha

Nos sutras, o Buda explicou:

> Quando as mãos, dois galhos e o esforço de
>   esfregá-los se encontram,
> Devido a essas condições, aparece o fogo
> E após aparecer e desempenhar sua função,
>   rapidamente ele acaba.
> Mas, quando os sábios perguntam:
> "De onde ele veio e para onde ele foi?"
> Apesar de procurarem em todas as direções, eles
>   não encontram a ocorrência ou o término de
>   nenhum evento.
> Também é assim com os agregados, as origens das
>   consciências e as potencialidades –
> Eles não existem dentro e não existem fora;
> Todos estão livres da autoentidade
> E não subsistem em lugar algum.
> A característica dos fenômenos é que sua essência
>   é o espaço.

Quando esfregamos dois galhos com as mãos, produzimos um fogo que no final acaba. Mas, quando começa a queimar, o fogo não vem de nenhum lugar e, quando apaga, não vai a lugar algum. O fogo é vazio de ocorrência ou término.

Da mesma forma, a ignorância, o apego à convicção de um eu, aflições mentais e sofrimento não vêm de nenhum lugar nem vão a lugar algum. Podemos aplicar isso também à experiência dos sonhos e veremos que tudo que aparece neles, todas as alegrias e sofrimentos, não vêm de nenhum lugar e não vão a nenhum lugar. Da mesma forma, todos os fenômenos são vazios de uma ocorrência ou um término.

Nagarjuna compôs este capítulo para responder àqueles que não aceitaram a refutação do capítulo anterior, sobre o eu do indivíduo. Eles alegavam que o eu existe com relação aos cinco agregados, da mesma forma como o fogo existe em relação à lenha[17] que ele queima. Exatamente como o fogo é o agente que queima e a lenha o objeto queimado, o eu é o ser que se apropria e os agregados são os objetos apropriados. Para ajudá-los a abandonar a crença do ser como verdadeiro, Nagarjuna examinou o fogo e a lenha e demonstrou que eles não existem realmente.

Uma das maneiras pelas quais ele fez a análise foi mostrando que duas coisas como o fogo e a lenha, que dependem um do outro para existir, não podem existir realmente. Esse é o assunto do décimo verso:

> Se uma coisa existe em dependência de outra,
> Mas se esse algo do qual ela depende
> Também depende dela,
> Então, qual deles depende de qual?

Se o fogo e a lenha que ele queima existem realmente, eles existem ou de forma independente um do outro ou de forma dependente – não há uma terceira alternativa. Entretanto, o fogo e a madeira que ele queima não são independentes um do outro, pois, nesse caso, o fogo existiria mesmo na ausência de alguma coisa para queimar e a madeira queimando existiria sem que nenhum fogo a queimasse. Desse modo, elimina-se a primeira alternativa.

O fogo e a lenha também não aparecem em dependência mútua. Se assim fosse, um deles teria de existir primeiro e ser a causa do outro. Mas nem o fogo nem a madeira que ele queima podem ter essa função, pois eles dependem um do outro para existir. O fogo só acontece se houver algo queimando, porém, a substância que está queimando (a lenha) só pode acontecer se houver um fogo queimando-a! Mesmo que o fogo conte com a madeira queimando para existir, a madeira queimando, em si, não pode antes aparecer e depois fazer o fogo existir, porque, para isso acontecer, inicialmente deve haver um fogo queimando-a. Da mesma forma, o fogo não pode existir primeiro e depois servir como um apoio que causa a madeira queimando, pois o próprio fogo, inicialmente, não existe, a não ser que haja uma madeira queimando. Mipham Rinpoche, no seu comentário, dá o exemplo de dois barcos balançando – já que a princípio nenhum dos barcos é estável, é impossível que um deles seja o motivo da estabilidade do outro. Do mesmo modo, quando algo depende de algo mais para existir, mas se esse outro, por sua vez, depende do primeiro para sua própria existência, na realidade genuína é impossível que um deles seja o suporte que permite a presença do outro. Dessa forma, nenhum deles existe realmente – são simples aparências interdependentes.

Outra maneira de provar a falta de existência inerente do fogo e da lenha é examinar as cinco condições possíveis que eles têm um em relação ao outro e ver que, na verdade, nenhuma delas é concebível. É isso que Nagarjuna faz no verso catorze:

> A lenha em si não é o fogo,
> Não existe um fogo separado da lenha,
> O fogo não possui a lenha,
> O fogo não é o sustentáculo da lenha e a lenha não
>   é o sustentáculo do fogo.

Na primeira possibilidade, o fogo e a lenha que ele queima seriam a mesma coisa. Entretanto, isso é ilógico, pois aqueles que agem e suas ações não são a mesma coisa. Por exemplo, um machado não é o mesmo que a madeira que ele corta, uma caneta não é o mesmo que as letras que ela escreve e assim por diante.

A segunda – que o fogo e a lenha sejam coisas diferentes – é impossível, pois, se assim fosse, eles existiriam independentemente um do outro. O fogo poderia queimar no céu sem queimar nada e a madeira poderia queimar sem nenhum fogo queimando-a.

Todas as últimas possibilidades – que o fogo possui a lenha, que o fogo é o suporte da lenha ou que a lenha é o suporte do fogo – dependem de que eles sejam entidades diferentes, pois deve haver duas coisas distintas para que uma possua ou seja o sustentáculo da outra. Contudo, já que eles não podem ser entidades diferentes, essas três últimas possibilidades também são impossíveis.

E, assim, todas essas cinco possibilidades da relação entre o fogo e a lenha são logicamente insustentáveis e, portanto, eles não existem verdadeiramente.

O próximo passo é aplicar essa análise ao ser, aquele que se apropria, e aos cinco agregados apropriados por ele. Em seguida, podemos também aplicá-la em relação a todos os outros fenômenos. É isso que Nagarjuna faz no verso quinze:

> Essa análise do fogo e da lenha
> Refuta o ser e todas as cinco maneiras pelas quais
>   ele se apropria dos agregados.
> Da mesma forma, ao examinar vasos, cobertores e
>   assim por diante,
> Explica-se perfeitamente que nenhum deles existe
>   de uma dessas cinco maneiras.

Da mesma forma como o fogo e a lenha não podem existir um em relação ao outro em nenhuma dessas cinco formas, o mesmo é verdade com o ser e os agregados que ele toma para si. O ser não é o mesmo que os agregados, porque seria ilógico que quem se apropria e os objetos apropriados sejam a mesma coisa. Ele também não pode ser diferente dos seus agregados, porque o ser não pode existir separado dos agregados que compõem o corpo e a mente que, por sua vez, não podem existir separados do ser, pois, se fosse assim, eles seriam um corpo e uma mente que não pertencem a ninguém. As três possibilidades restantes são todas variantes da segunda e, portanto, também são logicamente insustentáveis.[18]

Se considerarmos as cinco possibilidades dos agregados das formas uma por uma, diríamos que:

> O ser não é as formas,
> O ser não é algo diferente das formas,
> O ser não tem ou possui uma forma,
> O ser não depende das formas
> E as formas não dependem do ser.

Se reunirmos isso com os outros quatro agregados da sensação, discriminação, formação e das consciências, teremos então vinte e cinco maneiras diferentes de analisar a ausência de substância do ser no indivíduo. Seria muito importante nós mesmos estruturarmos cada uma delas.

Também devemos aplicar essa mesma análise em relação a vasos, cobertores, o nosso próprio corpo, nossas posses, amigos, inimigos, causas, resultados e assim por diante. O que quer que seja não existe realmente, pois não pode existir em relação a essas cinco possibilidades das partes que o compõem. E, assim, todas as coisas compostas são apenas aparências que existem de forma interdependente – igual ao fogo e a lenha, igual ao ser e aos agregados que o compõem. Todos os fenômenos são consequentemente vazios de natureza própria. A definição da sua essência é que ela tem a mesma característica do espaço. Como é para os iogues e ioguinis que entendem isso diretamente? Essa percepção traz liberdade e um poder incrível, como o Buda ensinou no *Sutra do Samádi Soberano*:

> O fogo pode queimar por centenas de anos,
> Mas nunca será capaz de queimar o espaço.
> De modo semelhante, o fogo nunca será capaz de queimar
> Aqueles que sabem que o fenômeno é equivalente ao espaço.

Quando sonhamos e sabemos que estamos sonhando, coisas ruins podem aparecer, mas elas não são prejudiciais. Podemos nos sentar no meio de um rio impetuoso ou no meio do fogo, sem absolutamente nos machucarmos. Os iogues e ioguinis que percebem diretamente a união da aparência com a natureza do vazio têm uma experiência semelhante durante o dia – a biografia dos grandes sidhas é repleta de histórias sobre suas façanhas miraculosas para auxiliar os outros. O fato de eles terem tais poderes é resultado direto da compreensão da natureza do vazio, e o primeiro passo para atingi-la diretamente é ter certeza dela, por meio da nossa inteligência, do nosso poder de análise. Os raciocínios que Nagarjuna apresenta no *Sabedoria Fundamental do Caminho do Meio* ajudam-nos a fazê-lo e, por isso, eles são tão importantes.

CAPÍTULO 11

Uma Análise do Samsara

Nos *Sutras do Prajnaparamita*, o Buda ensinou:

> Nenhum início é perceptível
> Nenhum final
> E, entre eles, não se percebe nada.

A palavra *perceptível* é usada aqui porque, quando examinamos com sabedoria, não conseguimos perceber nenhum período durante o começo, o meio ou o final no samsara, porque eles não existem inerentemente. Nem mesmo os budas, com sua sabedoria, perceberam um início, meio ou final em um período de tempo, pois eles nunca aconteceram.

Nagarjuna compôs este capítulo porque aqueles que acreditavam na existência verdadeira das ocorrências disseram: "Discípulo do Caminho do Meio, você tentou refutar a existência verdadeira do ser no indivíduo com argumentos inteligentes sobre o fogo e a lenha, mas não teve êxito, porque o samsara existe. Já que o samsara existe, deve haver alguém que o vivencie e, portanto, o ser existe. E ainda mais, já que ele existe, as origens das consciências, os agregados e as potencialidades que o compõem também devem existir". E, assim, Nagarjuna teve de provar que o samsara não existe realmente, pois, sem isso, ele não poderia ajudá-los a superar essa convicção confusa sobre a verdadeira existência do ser.

Se o samsara existisse verdadeiramente, ele teria um começo, um final e algum período entre eles. A análise, entretanto, não consegue encontrar o começo do samsara. Qualquer que seja a nossa situação atual no samsara, ela teve as suas próprias causas e essas causas tiveram suas próprias causas e assim por diante – nada, no ciclo da existência, ocorre sem causas que o façam acontecer. Por essa razão, nunca conseguimos encontrar uma "causa original" que constituiria o começo da existência cíclica, porque, se houvesse alguma, ela mesma teria surgido sem uma origem, o que é impossível. Assim, não existe um ponto onde o samsara se iniciou; e como é possível acabar algo que nunca começou? Sem um começo ou um final, como é possível haver um período entre eles? Já que ele não tem nem começo, meio ou final, o samsara não existe de verdade.

Outra maneira de analisar o samsara é olhar a relação entre ele e aqueles que supostamente vagueiam nele. Qual deles vem primeiro? Se o samsara existisse antes daqueles que vagueiam nele, haveria um samsara sem ninguém. Se aqueles que estivessem no samsara existissem antes do próprio samsara, então, onde eles estariam? Não haveria um lugar para eles.

Por outro lado, se o samsara e aqueles que vagueiam nele existissem simultaneamente e fossem inerentemente existentes, eles não teriam nenhuma conexão. Cada um poderia seguir seu próprio caminho separado, independente do outro. Entretanto, não é isso o que acontece com o samsara e os seres dentro dele. Eles não existem independente ou separadamente, pois cada um precisa e depende do outro para existir.

Quando descobrimos que o samsara não existe, reconhecemos o que ele verdadeiramente é: um engano. O samsara não está realmente acontecendo; é apenas um engano que cometemos e o nirvana é simplesmente a correção desse engano. Podemos também dizer que o samsara é semelhante a sonhar sem saber que se trata de um sonho – é simplesmente uma má percepção, uma compreensão equivocada dos eventos que parecem estar acontecendo. O nirvana, por outro lado, é semelhante a reconhecer o sonho pelo que ele é.

Da mesma forma, neste capítulo, Nagarjuna analisa o nascimento e a morte e demonstra, por meio do raciocínio lógico, que nenhum deles ocorre realmente. Com isso, prova que o ciclo repetitivo de nascimentos e mortes que constitui o samsara realmente não acontece. Há uma explicação breve sobre esse assunto e também uma mais extensa. A primeira encontra-se no sexto verso:

> Como um não pode acontecer antes do outro,
> E eles não acontecem simultaneamente,
> Então, por que achar
> Que o nascimento e a morte existem realmente?

Se colocarmos esse verso em forma de raciocínio lógico, diríamos que, quanto ao nascimento, a velhice e a morte, eles não possuem natureza própria, não existem de fato, pois um não pode acontecer antes dos outros e eles não podem acontecer ao mesmo tempo. Não podem acontecer em sequência, porque, para começar, o nascimento não pode preceder a morte. Isso se deve ao fato de que quando um momento surge, ele não pode acontecer antes que o momento anterior acabe. Tampouco a morte pode anteceder o nascimento, se assim fosse, haveria a morte sem que nada tivesse nascido. E eles também não podem acontecer simultaneamente porque são opostos – como é possível algo começar e acabar ao mesmo tempo?

Aqui, não estamos considerando o nível comum das aparências, como, por exemplo, o nascimento de um bebê, em seguida sua velhice e depois sua morte. Em vez disso, estamos considerando o nível de existência mais sutil de algo específico, como ele surge e cessa a cada instante. Por exemplo, estale os dedos e veja se consegue distinguir quando isso começa e acaba.

Quando ele começou? Quando acabou? O estalo dos dedos é um acontecimento incrivelmente simples e a sua ocorrência e interrupção são igualmente comuns. Se considerarmos a sutileza de todas as centenas, milhares e milhões de instantes que surgem e acabam durante um estalo dos dedos, começamos a entender que genuinamente não podemos distinguir entre a origem e o término. Esses eventos não existem como entidades independentes, identificáveis. A sabedoria não percebe essa existência.

E, assim, o nascimento, a velhice e a morte são como as aparências de um sonho, são apenas aparências que acontecem de forma interdependente, sem existência verdadeira. No final do verso, Nagarjuna pergunta: "Por que sempre achar que o nascimento, a velhice e a morte existem verdadeiramente?". Não há razão que prove a veracidade do nascimento, da velhice e da morte, e há várias que provam que eles não são verdadeiros. Então, por que alguém que sabe disso continua achando que eles de fato existem?

Qual o benefício de considerar que o nascimento e a morte são reais? Como isso ajuda? Isso só resulta em sofrimento. Por exemplo, quando sonhamos, acreditar que o nascimento, a velhice e a morte que aparecem no sonho são verdadeiros não só é desnecessário, mas também prejudicial, pois resulta em sofrimento. Por isso é tão importante aplicar esses raciocínios e ter certeza de que o nascimento e a morte no samsara não existem, que são apenas simples aparências, como as aparências dos sonhos e das ilusões.

Vemos que o samsara é apenas uma crença incorreta na veracidade do sofrimento, uma convicção errônea sobre a realidade do nascimento e da morte. Quando paramos de pensar que o sofrimento é verdadeiro, não estamos mais no samsara. Assim que nos livrarmos do pensamento de que o nascimento e a morte são verdadeiros, deixaremos de estar no samsara. Na verdade, como inicialmente o sofrimento, o nascimento e a morte não existem realmente, o samsara não passa de um engano. É apenas nosso engano achar que ali se encontra algo que na verdade não existe, de modo algum. Quando paramos de cometer esse engano, estamos no nirvana.

O fato de o samsara ser apenas um engano e o nirvana ser simplesmente pararmos de nos enganar é a razão de ambos serem, na verdade, indiferenciados, pois sua natureza é a igualdade. O exemplo do sonho esclarece esse ponto. Quando sonhamos e não sabemos que se trata de um sonho, essa ignorância provoca o apego a certas aparências e aversão a outras, causando sofrimento. Quando entendemos que se trata de um sonho, o apego e a aversão se dissolvem e tudo se torna aberto, vasto e relaxante. Entretanto, do ponto de vista das próprias aparências do sonho, nada muda. Desde o início, não havia nada errado com aquelas aparências e, por isso, elas não tinham nenhuma falha que precisasse ser abandonada ou corrigida, nem precisavam de mais qualidades positivas para melhorá-las. Eram originalmente puras e originalmente livres, o que significa que, em sua natureza, elas transcendem uma caracterização como confusão ou realização, sofrimento ou alegria. E como, do seu próprio ponto de vista, desde o início nunca houve nenhuma confusão, sua autonomia também não poderia ocorrer. Se inicialmente nunca houve um sofrimento inerente, isso transcende a noção de uma alegria que liberte o sofrimento. Desse modo, o exemplo das aparências que ocorrem durante o sonho esclarece a igualdade entre ignorância e compreensão, samsara e nirvana.

CAPÍTULO 12

UMA ANÁLISE DO SOFRIMENTO

Nos *Sutras do Prajnaparamita*, o Buda ensinou:

O sofrimento é destituído de sofrimento.

Esse ensinamento do Buda é especialmente importante como um exemplo do ponto de vista da escola Rang-tong, ou "vazio de si mesmo".[19] Os fenômenos não têm essência própria; são vazios do que aparentam ser e vazios em si mesmos. Neste capítulo, Nagarjuna prova a validade de tais ensinamentos por meio do raciocínio lógico.

Este capítulo é a resposta de Nagarjuna às pessoas que acreditavam que o ser existe porque o sofrimento existe. Elas alegavam que, devido ao fato de o sofrimento acontecer, deve haver alguém que o experimenta. Se Nagarjuna não tivesse provado que o sofrimento não é verdadeiro, seria impossível ajudá-las a ver que não há realmente um ser. Por isso, neste capítulo, ele analisa o sofrimento e prova que ele não existe verdadeiramente.

É possível provar, por meio de vários raciocínios e da lógica, que o sofrimento não é verídico. Por exemplo: o sofrimento não existe verdadeiramente porque não há ninguém para sofrer – o ser, que supostamente sofre, não existe de fato. Por isso, o sofrimento em si não possui uma essência que existe e, como um sonho, ele é apenas a nossa imaginação. Isso não é ótimo?

E ainda mais: o sofrimento não existe verdadeiramente porque ele não vem de nenhum lugar e não vai a lugar nenhum, e porque nem começa nem acaba. O sofrimento também não existe verdadeiramente. Aquele que sofre, ou seja, o ser e o sofrimento que ele experimenta não podem ser a mesma coisa e não podem ser coisas diferentes. Se eles fossem o mesmo, aquele que sofre estaria sempre sofrendo. Se fossem diferentes, eles existiriam em lugares diferentes, sem nenhuma conexão. E, assim, eles não podem ser iguais e não podem ser diferentes, portanto, como não há outra possibilidade, não existem verdadeiramente.

O sofrimento também não existe verdadeiramente porque as condições que o causam não existem, como no exemplo de sofrimentos futuros. As causas dos sofrimentos que irão acontecer não existem, porque elas estão no futuro. Por isso, os sofrimentos futuros, ou seja, o resultado dessas causas, também não existem.

Quando entendemos que ele não existe de fato, fica fácil compreender que o sofrimento na realidade aparente é a simples ignorância de que ele não é real. É um engano achar que o sofrimento é real quando, na verdade, não é. É como estar sonhando, sem saber que se trata de um sonho.

Se o sofrimento fosse verdadeiro, se existisse objetivamente, teria de apresentar sinais disso. Entretanto, não encontramos sinais de uma existência verídica porque o sofrimento não existe intrínseca ou independentemente. Ele apenas aparenta existir quando certas causas e condições se encontram. E mais, ele não existe separado de um pensamento sobre ele – obrigatoriamente depende do pensamento sobre o sofrimento para existir. Sem esse conceito, não existe o menor sofrimento. Já que não pode existir sozinho, ele não tem existência objetiva ou verídica.

O fato de o sofrimento ser apenas um pensamento e nada mais é algo que já conhecemos por experiência própria. Por exemplo, as pessoas podem estar muito perturbadas antes de dormir, mas, quando estão num sono profundo, elas não sofrem mais, porque não estão pensando sobre o sofrimento. Quando acordam pela manhã, continuam não sofrendo até começar a pensar sobre ele. Assim que começam a pensar a respeito, ele se inicia, mas não antes disso.

Se examinarmos dessa maneira, compreenderemos as características necessárias para que o sofrimento seja real e saberemos que, já que não possui tais características, ele não é real. O décimo verso deste capítulo explica como a análise do sofrimento também é aplicável a tudo o mais:

> Isso que não passa de sofrimento
> Não vem de nenhum dos quatro extremos,
>   e não só isso,
> Todos os fenômenos externos também não têm
>   uma origem
> Em nenhum dos quatro extremos.

"Isso que não passa de sofrimento" refere-se aos cinco agregados que constituem o indivíduo. Na tradição Shravaka, eles são "apenas sofrimento" porque são o resultado de ações cármicas imperfeitas. Na tradição Shravaka, eles são "apenas sofrimento" porque são o resultado de ações cármicas imperfeitas. Da mesma forma, são a base para o surgimento das aflições mentais, que são o sofrimento em si e também a causa de ações cármicas adicionais que produzirão ainda mais sofrimento no futuro. Por isso, o objetivo do Shravakayana é o abandono dos cinco agregados e a obtenção do estado de nirvana, no qual eles não aparecem mais. O nirvana da tradição Shravaka é descrito como a chama de uma vela quando apaga – é a paz total que vem da cessação dos agregados corrompidos e também do samsara.

Entretanto, o Mahayana não apresenta as coisas dessa forma. Nos sutras do Mahayana, o Buda ensinou várias vezes que os cinco agregados e o sofrimento que os acompanha têm o mesmo modo de ser da pureza original e perfeita, sem a menor impureza que precise ser abandonada. Por essa razão, os praticantes do Mahayana não querem se livrar da existência samsárica, eles almejam renascer no samsara o máximo possível, em corpos e vidas diferentes, para ajudar as criaturas sencientes. Nas práticas do Vajrayana, cultiva-se a compreensão de que os cinco agregados têm a mesma natureza das cinco famílias búdicas e o sofrimento tem a mesma natureza da felicidade. Já que é assim, por que almejar abandoná-los? Eles têm a mesma essência da iluminação. A chave para entender a percepção do Mahayana e do Vajrayana encontra-se nos raciocínios de Nagarjuna. Os agregados e os sofrimentos são puros por natureza porque são vazios por natureza – eles estão por nascer. Na verdade, nunca começam a existir. É impossível que algo que nunca começou seja impuro, pois o que, inicialmente, seria impuro? É como ficar completamente imundo durante um sonho – não importa o quanto parecemos estar sujos, já que nem sequer a menor partícula de sujeira é real.

Na verdade, não há nenhuma impureza. Como não há nenhuma impureza, também não pode haver nenhuma pureza, justamente como tomar um banho durante o sonho depois de estarmos sujos. Falta realidade tanto à limpeza depois do banho quanto à sujeira anterior. Por essa razão, a natureza verídica do sonho transcende as duas, pureza e impureza, e isso se chama "pureza original". Temos de entender que a pureza original refere-se à libertação de todas as construções mentais. É a certeza sobre a natureza do vazio por meio dos raciocínios de Nagarjuna.

Se passarmos a examinar o sofrimento da maneira como ele foi descrito nesse verso, podemos determinar que ele tem a mesma natureza do vazio, pois não vem de nenhum dos quatro extremos. O primeiro desses quatro extremos seria achar que o sofrimento veio de si mesmo, que se autoproduziu. Se fosse assim, ele deveria primeiro existir e depois se fazer existir novamente, teria de existir e depois se originar. Mas isso obviamente não acontece, porque podemos estar plenamente felizes e, de repente, acontece uma grande dor – o sofrimento pode aparecer rapidamente, quando anteriormente não existia. Dessa forma, ele não se autoproduz, pois ocorre de novo.

O segundo extremo é crer que o sofrimento não tem uma causa diferente de si mesmo, porque "diferente" implica que duas coisas existem simultaneamente e são comparadas uma com a outra. Mas, no momento em que o sofrimento existe, suas condições causais não existem mais e, assim, não há uma causa da qual o sofrimento se diferencie. Como vimos no primeiro capítulo, a causa e o resultado não existem simultaneamente: quando a causa existe, o resultado não existe e, quando o resultado existe, a causa não existe, como é o caso da semente e do broto. Consequentemente, os resultados não aparecem de algo diferente, porque, quando ocorrem, não existem causas que se diferenciem do resultado. Por essa razão, o sofrimento não vem de algo diferente dele mesmo, pois não há nada do que ele possa ser diferente.

A terceira possibilidade é que o sofrimento viria tanto de si mesmo quanto de algo além de si mesmo. Mas isso é impossível, porque todas as falhas que incidem em afirmar que o sofrimento vem de si mesmo ou de algo além de si mesmo recaem sobre essa terceira alternativa.

O quarto extremo é acreditar que o sofrimento ocorre sem nenhuma causa. Isso também é impossível, pois nada acontece sem causas e condições. Tudo o que percebemos no mundo, todo o sofrimento que vivenciamos, sabemos que depende de causas e condições. No final, o sofrimento não acontece realmente porque ele não vem de nenhum desses quatro extremos e não há outra possibilidade. Todas as coisas externas são iguais – na verdade, elas não surgem, porque não vêm de nenhum desses quatro extremos.

Quando estalamos os dedos, o estalo não vem de si mesmo, não vem de algo diferente de si mesmo, não vem tanto de si quanto de algo diferente e não aparece sem que haja uma causa.

O mesmo é verdade em relação a todos os pensamentos que aparecem na mente. Quer sejam bons ou ruins, profundos ou básicos, esses pensamentos não se originam de si mesmos, nem de algo diferente de si mesmos, nem de ambos e nem sem uma causa qualquer. São apenas aparências que se originam de forma interdependente, como os pensamentos durante um sonho.

Se os pensamentos fossem verdadeiros, eles deveriam ter uma procedência. Se assim fosse, teriam de proceder de uma dessas quatro possibilidades. Já que não vêm de nenhuma delas e elas são as únicas possibilidades, os pensamentos, na verdade, não têm uma origem e, por isso, não são reais.

O sofrimento nunca existe realmente porque não vem de nenhum desses quatro extremos. Mesmo assim, o pensamento que acha que o sofrimento é real ocorre. Como esse pensamento também não vem de nenhum dos quatro extremos, dizemos que ele se autoliberta – sua verdadeira natureza é a liberdade.

CAPÍTULO 13

UMA ANÁLISE DO EXATO MODO DE SER DA REALIDADE

Nos sutras, o Buda disse:

> Bikshus (monges), só existe uma realidade autêntica
> sem engano: a realidade do nirvana.
> Tudo que é composto é enganador e falso.

Quando lemos este preceito, entendemos a importância de diferenciar a realidade aparente da realidade genuína, entre o modo como as coisas aparentam ser e como elas são realmente. Mesmo que nada tenha um modo de ser inerente, por não ter uma origem nos quatro extremos, ainda assim, as coisas aparecem às criaturas em geral e, devido à catarata da ignorância que obscurece a visão sábia, elas acreditam em sua realidade. Desse modo, essas criaturas são como pessoas enganadas pela ilusão criada por um mágico e acham que os animais encantados que ele criou são verdadeiros. Para usar um exemplo contemporâneo, elas são como crianças assistindo a um filme que ficam com medo dos leões e tigres ferozes que aparecem na tela, porque não sabem que o filme não é real.

Por outro lado, os budas nobres e os bodisatvas, que entenderam diretamente a natureza verídica da realidade, sabem que o surgimento, a subsistência e a deterioração do que aparece nos fenômenos são simplesmente aparências sem natureza inerente. Eles são como adultos assistindo ao filme e assegurando às crianças que nada na tela pode realmente feri-las. Dessa forma, os adultos ensinam o que as crianças precisam aprender para também não terem medo. Essa é uma analogia muito boa sobre as atividades dos budas e bodisatvas que ajudam as criaturas a seguir o caminho do Darma.

Portanto, apesar de o vazio ser a natureza de todos os fenômenos, é importante saber distinguir entre o aspecto das aparências e o aspecto da realidade. Sem saber como é a realidade, em geral nos enganamos e achamos que as aparências são reais. Essa é a causa de todos os nossos problemas.

Aqui, o sonho também é um bom exemplo. A diferença entre como vemos as aparências quando sabemos que estamos sonhando e quando não sabemos é semelhante à percepção dos seres nobres que compreenderam a natureza do vazio e a dos seres em geral que não o fizeram, em relação às aparências que eles percebem. Como o ilustre Chandrakirti declara no texto *Entrando no Caminho do Meio*:

> Existem duas maneiras de enxergar tudo,
> A maneira perfeita e a maneira falsa,
> Assim, tudo que encontramos, sem exceção,
> Contém no seu âmago duas naturezas.
>
> E o que a visão perfeita enxerga?
> Ela enxerga o como de todas as coisas.
> E a visão falsa enxerga o que aparece, nada mais –
> Foi isso que o Buda perfeito disse.

A prática encontrada no Mahayana sobre o samádi que enxerga todas as coisas como sendo uma ilusão, a prática sobre o corpo ilusório do Vajrayana e a prática de *korde rüshin* do Dzogchen têm por propósito a dissolução dos pensamentos que se apegam às aparências e as consideram reais.[20]

Essa é uma descrição do motivo inicial que fez Nagarjuna compor este capítulo: para nos ajudar a distinguir entre o modo das aparências e o modo da realidade autêntica e, com isso, parar de achar que elas são a mesma coisa – parar de confundir as aparências com o que elas realmente são.

Apesar de aceitarem essa distinção, muitos reivindicavam que deve haver existência verdadeira na realidade aparente, porque a realidade genuína existe de fato e foi mencionada pelo Buda como a "realidade autêntica sem engano". Eles alegavam que, se existe uma realidade genuína, se existe a natureza do vazio como o modo de ser dos fenômenos que aparecem, a aparência desses fenômenos que possuem a natureza do vazio como o seu modo de ser também deve existir. Caso contrário, a natureza do vazio não teria nenhuma essência e também não existiria. Esse era o argumento.

Por isso, o segundo motivo que fez Nagarjuna compor este capítulo foi examinar a natureza do vazio e demonstrar que, na verdade, ela não existe de fato. Isso efetivamente refuta a afirmação de que as coisas aparentes existem realmente porque a natureza do vazio de fato existe.

Nagarjuna aborda a análise da natureza do vazio no sétimo verso:

> Se houvesse a menor coisa que não fosse vazia,
> Haveria tanta natureza do vazio quanto ela.
> Contudo, como não existe tal coisa,
> Como a natureza do vazio pode existir?

Podemos analisar este verso com o seguinte raciocínio lógico: se considerarmos o verdadeiro modo de ser da realidade, veremos que a natureza do vazio não existe nela, pois, se houvesse algo que não fosse vazio, haveria também uma natureza do vazio proporcional a ele. Entretanto, não há de fato a menor coisa que não seja vazia. Como não existe a menor coisa que não seja vazia, tampouco pode haver a natureza do vazio, pois ela só existe em relação a algo que não seja vazio, assim como algo que não é vazio só pode existir se a natureza do vazio existir. Essas duas noções de vazio e não vazio só acontecem devido à sua dependência mútua, o que significa que nenhuma delas existe verdadeiramente. E, assim, nem o vazio que é fabricado pela mente nem o não vazio se aplicam à realidade autêntica.

Para compreender a natureza da realidade essencial que vai além do que é fabricado pela mente, temos de deixar para trás até mesmo a noção que temos sobre a natureza do vazio. Isso também será explicado no capítulo 22, "Uma Análise do Tatágata".

CAPÍTULO 14

UMA ANÁLISE DO CONTATO

No *Sutra Rogado pelo Bodisatva "Inteligência Reluzente"*, o Buda ensinou:

> As formas nem se encontram nem se separam.

Este ensinamento é fácil de entender se pensarmos nas aparências de um sonho. Como todos os acontecimentos que aparecem durante um sonho nunca se encontram de verdade, eles também nunca se separam. Contudo, o encontro e a partida ainda parecem acontecer e achamos que são reais. Por isso, precisamos treinar reconhecer sua verdadeira natureza. Colocando isso em verso:

> Na vastidão do espaço, sem um centro ou fim,
> Neste planeta, sem topo nem base,
> Amigos e inimigos, assim parece,
> Eternamente se encontram e se separam,
> Mas, por favor, saiba que tudo é como um sonho!

Por favor, não considere o encontro e a separação como reais. Nagarjuna compôs este capítulo para responder àqueles que defendiam a existência da essência das coisas porque o encontro e a separação existem. Eles afirmavam que o encontro e a partida acontecem o tempo todo e, por isso, deve haver algo que se encontra e se separa! Entretanto, a simples aparência do encontro e da partida, e o pensamento correspondente a isso, não são suficientes para estabelecer uma existência verdadeira, porque aparências e pensamentos também acontecem quando sonhamos. E, para ajudá-los a compreender que nada existe verdadeiramente, Nagarjuna demonstrou através da lógica que o encontro e a separação não são reais.

Essa análise do encontro, ou do contato, é feita em relação às percepções sensoriais. Para que essas sensações ocorram verdadeiramente, deve haver um contato entre o objeto percebido, a faculdade sensorial e a consciência sensorial que percebe. Assim, a pergunta é: há algum contato entre os três ou não? Nagarjuna responde no primeiro verso do capítulo:

> O objeto que é visto, o olho que enxerga e o
> observador –
> Esses três não se agrupam,
> Nem em pares nem todos juntos.

Três fatores precisam estar presentes ao mesmo tempo para que ocorra um momento de percepção através dos olhos: o objeto que é visto, a faculdade do sentido dos olhos e aquele que enxerga – a consciência sensorial dos olhos. "Esses três não se encontram em pares" significa que os olhos não entram em contato com o objeto que eles enxergam, a consciência sensorial não entra em contato com o objeto e também não entra em contato com os olhos. Por isso, eles não se encontram em pares nem os três juntos ao mesmo tempo.

O motivo de não haver o encontro entre a consciência sensorial dos olhos e a forma que eles percebem é que a forma é uma das suas causas – chama-se o foco de uma condição, nesse caso, da consciência dos olhos. Por essa razão, a forma – que constitui a causa – e a consciência que percebe a forma – que constitui o resultado – não podem existir ao mesmo tempo, caso contrário, uma não seria a causa da outra. Se o objeto percebido e a consciência que o percebe existissem simultaneamente, o primeiro não poderia ser a causa do segundo, porque ele não teria a oportunidade de fazê-lo. Consequentemente, a forma teria de ocorrer antes da consciência sensorial dos olhos para ser a sua causa. Ela teria de acabar antes da consciência sensorial dos olhos aparecer e, por isso, não podem se encontrar.

É óbvio que essa segunda possibilidade – a forma percebida preceder a consciência sensorial que a percebe – também é impossível. Se assim fosse, o objeto percebido e o sujeito que percebe não teriam nenhuma conexão entre si. Se o objeto percebido acabasse antes de surgir a consciência que o percebe, o que exatamente essa consciência perceberia? Seu objeto não existiria mais e não haveria absolutamente nada para ela perceber!

Como o objeto percebido e o sujeito que percebe não ocorrem simultaneamente nem em sequência, a percepção dos sentidos é uma simples aparência que não existe verdadeiramente.

A "autolibertação do contato por meio da lembrança" é uma prática importante do Mahamudra. Essa prática nos lembra constantemente que o aparente encontro da consciência e do objeto não é uma ocorrência real, mas uma simples aparência, a união da aparência e da natureza do vazio. As cinco consciências sensoriais não são conceituais – elas são livres de qualquer pensamento de que as experiências existem verdadeiramente. Entretanto, o aspecto conceitual da consciência mental segue essa cognição direta válida das consciências sensoriais e conclui que tais experiências são reais. Quando acompanhamos o pensamento de que a percepção dos sentidos é real e, ao mesmo tempo, lembramos que ela é apenas natureza do vazio-aparência, estamos praticando a autolibertação do contato por meio da lembrança, o antídoto contra essa crença errônea sobre a existência real de nossas percepções. Milarepa mencionou essa prática em várias de suas canções. Ela é muito importante, pois precisamos entender a transcendência do encontro do objeto, da faculdade e da consciência, para entendermos o modo de ser autêntico da realidade. Continuar acreditando que o encontro do objeto, da faculdade e da consciência realmente existe é um sinal de que nossa certeza sobre a natureza do vazio ainda não é estável.

Nagarjuna aplica sua análise sobre o encontro às aflições mentais e a outras origens da consciência no segundo verso:

> O desejo, aquele que deseja e o objeto do desejo
> também não se agrupam.
> Isso também não ocorre com nenhuma das
> outras aflições
> Nem com as outras origens da consciência:
> Esse trio nem se reúne em pares nem todos juntos.

O contato entre o desejo, o indivíduo que o vivencia e o seu objeto, semelhante ao encontro do objeto, da faculdade e da consciência, é uma mera aparência que ocorre devido ao encontro de causas e condições – e não é nem um pouco real. O mesmo acontece com a raiva, o indivíduo com raiva e o seu objeto e, também, com todas as outras aflições mentais (orgulho, desejo e estupidez), aqueles que as vivenciam e os seus objetos. Também devemos aplicar essa análise às demais origens da consciência: o som, o ouvido e a consciência sensorial da audição e aos quatro grupos (nariz, língua, corpo e mente) de três restantes (objeto, faculdade sensorial e consciência).

Mipham Rinpoche comenta a esse respeito: "Os objetos dos sentidos, as faculdades que os percebem e suas consciências não se encontram nem em pares nem todos juntos, como o filho e a filha de uma mulher sem filhos". Esse exemplo é muito bom! Ele parte da perspectiva de que o objeto, a faculdade e a consciência, essencialmente, não existem, da perspectiva da natureza do vazio. A partir da perspectiva de sua aparência, esse encontro é um incidente que ocorre de forma interdependente, uma mera reunião de causas e condições, como em um sonho. É a união da aparência e da natureza do vazio. Por isso, não precisamos temer a natureza do vazio como sendo um "nada", porque não é esse o caso.

Quando pensamos que o encontro do objeto, da faculdade e da consciência é real, o sofrimento aumenta. Na verdade, podemos dizer que a maior parte do sofrimento no mundo acontece porque acreditamos que o contato sensorial ou sua ausência existe verdadeiramente. Entretanto, a certeza de que eles são apenas uma aparência com uma origem dependente, como em um sonho, melhora a qualidade da nossa meditação. Portanto, não se apegue ao encontro do objeto, da faculdade e da consciência como sendo real. Saiba que a aparência desse encontro é ilusória, como um sonho. Para todos os seres ignorantes, sem exceção, o apego ao contato como sendo real aumenta o sofrimento,

> Por isso é necessária a instrução da prática
> Da autolibertação por meio da lembrança.

Quanto mais nos apegamos ao encontro do objeto, da faculdade e da consciência como real, mais o sofrimento aumenta. Por isso, a prática da autolibertação por meio da lembrança é tão importante.

Na canção *Oito Maneiras Admiráveis de Ser Feliz*, Milarepa menciona o modo como usava essa prática para romper o laço que une o objeto percebido e o sujeito que percebe:

> O encontro das aparências com os seis tipos de consciências
> É o guia que transforma as condições desfavoráveis em uma jornada.
> Há alguém aqui capaz de se manter nessa jornada e ir até o fim?
> Pois é feliz aquele para quem o desejo e a vontade se autolibertam.
> Quando cortado, o laço que une o observador e o observado é emaho![21]

A conexão entre o observador e o que é observado não existe verdadeiramente; é apenas uma aparência que acontece de forma interdependente. Por isso, temos de cortar o laço que nos leva a achar que essa dualidade é real. Para fazê-lo, devemos refletir sobre a natureza do vazio do encontro daquele que percebe e daquilo que é percebido, com nosso conhecimento exato sobre a natureza autêntica da realidade.

Quando lembramos que o verdadeiro modo de ser das percepções é natureza do vazio-aparência, essa experiência se torna aberta, ampla e descontraída. Esse é o método que muda as experiências consideradas adversas e as transforma na jornada do Darma. Podemos começar a experimentar o que de outra forma consideraríamos doloroso e difícil como abertura, imensidão e relaxamento, exatamente como teríamos vivenciado as dificuldades aparentes quando estávamos sonhando e, depois, reconhecemos que era um sonho. Precisamos constantemente treinar dessa maneira, começando com sofrimentos menores e, gradativamente, seremos capazes de aplicá-la até mesmo às experiências mais difíceis. Quando reconhecermos que tanto a felicidade quanto o sofrimento não passam de conceitos imputados e que a realidade autêntica transcende os dois, vivenciaremos a inconcebível e inexpressável igualdade entre felicidade e sofrimento, uma experiência que, como Milarepa entoou, é uma forma incomparável de alegria.

CAPÍTULO 15

Uma Análise dos Eventos e da Ausência de Eventos

No *Sutra Rogado pelo Bodisatva "Inteligência Reluzente"*, o Buda ensinou:

> As formas nem se extinguem nem permanecem.

Permanência e extinção, existência e não existência – estes são apenas conceitos fabricados pela mente e não descrevem a natureza autêntica da realidade. Por isso, o Buda ensinou que a verdadeira natureza das formas transcende tanto a permanência quanto a extinção.

Nagarjuna compôs este capítulo como resposta ao seguinte argumento: "Os eventos têm uma natureza inerente porque, quando suas causas e condições se encontram, eles acontecem. A ausência de eventos ocorre quando as causas e condições não se encontram e não produzem algo, como a ocorrência de flores no céu". Nesse caso, as pessoas acreditavam na realidade da existência ou não existência de tudo. Para ajudá-las a superar o engano e a convicção, Nagarjuna analisa a existência e a ausência de eventos e demonstra que eles não têm natureza inerente.

É importante distinguir entre o modo como as coisas aparecem à consciência dos sentidos e o modo como aparecem ao aspecto conceitual da consciência mental. Quando a consciência dos sentidos percebe formas, sons, cheiros e sensações táteis, ela não tem a impressão de que algo existe ou não. Ela simplesmente percebe seus objetos – de maneira não conceitual. Em seguida, a consciência mental acompanha esse processo e conclui, por exemplo: "eu estou vendo algo" ou "eu não vejo aquilo". Portanto, são os pensamentos que concebem a existência ou não de algo. Eles não são formulados pelas consciências dos sentidos. Esse "algo" e esse "nada", portanto, são simplesmente atribuídos por conceitos. São apenas fabricações mentais.

Enquanto os pensamentos formulam "existe alguma coisa" ou "não existe nada", a natureza verdadeira da realidade está além do algo e do nada. Eles existem apenas de forma interdependente. Por exemplo, se este planeta realmente existisse como uma entidade, essa entidade teria de existir independente da noção que temos sobre o nada e sobre o espaço. Ele teria de objetivamente existir como algo independente do nosso pensamento sobre o nada. Do mesmo modo, o espaço, que é uma simples ausência de objetos, para realmente existir, teria de acontecer independente do nosso pensamento sobre a presença de objetos.

Na realidade, "algo" e "nada" obrigatoriamente dependem um do outro para existir. Só é possível pensar que alguma coisa está presente, se tivermos uma noção do que significa ela não estar presente e vice-versa. Só é possível ter um pensamento sobre o espaço, a ausência de objetos, se tivermos uma ideia do que seja essa ausência, do que está faltando. Por isso, não podemos dizer que tudo existe ou não inerentemente – existência e não existência são apenas conceitos interdependentes que nossos pensamentos sobrepõem à realidade autêntica, cuja natureza transcende todas essas construções mentais. No sétimo verso desse capítulo, Nagarjuna declara:

> Nas *Indispensáveis Instruções para Katyayana*,
> Aquele que conhece tudo e a ausência de tudo,
> O Conquistador Transcendente,
> Refutou tanto a existência quanto a não existência.

A citação do comentário no sutra intitulado *Indispensáveis Instruções para Katyayana* é a seguinte:

> Katyayana, a maioria das pessoas neste mundo é intensamente fixada na existência de todas as coisas, enquanto outras as consideram não existentes. Como resultado desse apego, elas não se livram do nascimento, da velhice, da doença ou da morte; da agonia, do pranto, do sofrimento, da angústia mental ou da agitação. E, especialmente, elas jamais se livram dos tormentos da morte.
>
> Demonstrando dessa maneira, o Buda refutou ambos os extremos da existência e da não existência.

É importante entender que a verdadeira natureza da realidade transcende tanto a existência quanto a não existência, pois todo o sofrimento no mundo vem do pensamento de que existe alguma coisa ou de que não existe nada. Por exemplo, as pessoas abastadas sofrem devido às posses materiais, que é o sofrimento relacionado com a existência, enquanto as pessoas sem recursos sofrem por não ter o suficiente, que é o sofrimento relacionado com a não existência. Contudo, tanto o rico quanto o pobre sofrem, e isso prova que nenhum tipo de sofrimento existe verdadeiramente. Se o sofrimento realmente acontecesse devido às posses materiais, o rico sofreria, mas o pobre não. Se ele realmente acontecesse devido à sua ausência, então, o pobre sofreria, o rico não. Mas os dois sofrem, e isso mostra que o sofrimento não tem uma causa real, uma existência inerente, é apenas a projeção confusa da mente conceitual.

É assim que devemos usar nossa inteligência para examinar a variedade infinita de sofrimentos que surgem devido à existência e à não existência. Precisamos examinar os verdadeiros motivos dessas ocorrências e sua verdadeira natureza.

A passagem específica do texto *Indispensáveis Instruções para Katyayana* também é importante por ter sua origem nos ensinamentos Vinaya do Shravakayana e, por isso, todas as escolas budistas devem necessariamente aceitar sua validade.[22]

Ninguém pode afirmar que elas não são as palavras genuínas do Buda. Atualmente, os adeptos do Shravakayana insistem que os sutras do Mahayana não são realmente de autoria do Buda, que fazem parte dos extensos comentários compostos por Nagarjuna a respeito dessa passagem, na qual o Buda conversava com Katyayana. Eles não acreditam que os Sutras do Prajnaparamita são de autoria do próprio Buda, acreditam que esses ensinamentos são os extensos comentários de Nagarjuna sobre o que o Buda efetivamente disse durante seus ensinamentos a Katyayana.

No décimo verso, Nagarjuna apresenta as instruções de como treinar a mente no Caminho do Meio, livre de todos os extremos. Isso significa que, por meio do conhecimento exato, precisamos perceber o significado do Caminho do Meio. É possível acompanhar o Caminho do Meio contradizendo todos os extremos. Ainda assim, é necessário livrar-se de conceitos que permanecem entre os extremos. Lê-se no verso:

> "Existência" é o parecer da permanência,
> "Não existência" é o parecer da extinção,
> Portanto, o sábio não sustenta
> Nem a existência nem a não existência.

O parecer da permanência e o da extinção possuem níveis comuns e níveis sutis. O aspecto comum da extinção seria negar a existência de vidas passadas e futuras, e da causa e do resultado do carma. O aspecto comum da permanência seria acreditar que essa vida existe efetivamente. O parecer sutil da extinção consiste em não ter nenhum conceito sobre a não existência, enquanto o parecer sutil da permanência é não ter nenhuma noção sobre a existência.

Aqueles que acreditam que as coisas existem não conseguem entender a existência como simples aparência de origem interdependente, interpretam seu significado como se realmente existisse alguma coisa. Esse é o extremo da permanência. Por outro lado, alguns acreditam que o significado da natureza do vazio é a não existência total, o nada absoluto. Esse é o parecer da extinção, o outro extremo. Porém, quando entendemos que as aparências são natureza do vazio-aparência, os dois extremos se eliminam da seguinte forma: a falta de uma natureza inerente nas aparências elimina o extremo da existência. Na lua d'água, por exemplo, não existe sequer uma partícula de lua na água e, por isso, ela não pode ser considerada existente. Ao mesmo tempo, é inegável que as aparências se manifestam devido ao encontro de causas e condições, o que elimina o extremo da não existência. Por exemplo, ninguém pode negar a aparência vívida da lua quando aparece na água. Dessa maneira, a fim de seguir o Caminho do Meio, que não sustenta nem o extremo da existência nem o da não existência, devemos entender que todos os fenômenos são a união da aparência e da natureza do vazio, como sonhos, ilusões e luas d'água. Desse modo, Karmapa Rangjung Dorje ensinou:

> A afirmação dos sábios sobre o modo como as coisas são
> É que todos os fenômenos nem são verdadeiros nem são falsos,
> Eles são como luas d'água.

CAPÍTULO 16

Uma Análise do Cativeiro e da Liberdade

Nos sutras, o Buda ensinou:

> As formas não surgem e, portanto, as formas nem confinam nem libertam.

O Buda fez declarações semelhantes a respeito dos sons, cheiros, sabores, sensações corporais e assim por diante. Criando um elo entre esses ensinamentos e os diversos tipos de fenômenos que aparecem, ele ensinou extensamente sobre a transcendência do cativeiro e da liberdade.

Ainda que o cativeiro e a liberdade pareçam reais, que tenhamos a impressão de que são reais e que nossas experiências pareçam confirmar essa convicção, isso não é suficiente para provar sua realidade, porque tudo também acontece durante um sonho. Podemos sonhar que fomos amarrados com correntes de ferro e em seguida nos soltaram, ou que nos colocaram na cadeia e depois nos libertaram. Entretanto, inicialmente, o nosso corpo no sonho nem sequer chegou a nascer e, por isso, não há realmente nada a ser preso ou libertado. O cativeiro e a liberdade são apenas aparências e não são nem um pouco reais. O cativeiro e a liberdade que aparecem durante o dia são idênticos a isso.

No Tibete, vários praticantes do Darma ficaram presos por cerca de vinte anos, mas eles dizem que essa foi uma experiência muito boa – que os ajudou muito a praticar o Darma. Eles provavelmente estavam meditando sobre a transcendência do cativeiro e da liberdade!

Neste capítulo, Nagarjuna provará a validade desses ensinamentos por meio do raciocínio lógico. O que o levou a compor este capítulo foram as pessoas que diziam: "Na realidade, os eventos possuem natureza inerente porque podemos percebê-los quando estão confinados no samsara ou libertos no nirvana". Esse era o argumento que usavam para provar que tudo existe. Portanto, para ajudá-las a reconsiderar essa convicção e o engano a respeito da existência verdadeira, Nagarjuna demonstrou por que o cativeiro e a liberdade não existem na genuína natureza da realidade.

Em seu comentário, Mipham Rinpoche identifica duas partes principais deste capítulo: primeiramente, uma refutação do samsara e do nirvana, em seguida, uma refutação do cativeiro e da liberdade em si. No primeiro verso da primeira parte do capítulo, lemos:

> Se alguém perguntar, "Os agregados transitam?"
> Não, eles não fazem isso, porque agregados
>   permanentes não transitam
> E agregados impermanentes também não.
> O mesmo se diz dos seres sencientes.

Esse verso emprega a seguinte análise: se o samsara realmente existe, deve haver alguém ou alguma coisa transitando nele. Se não há ninguém transitando no samsara, ele não pode ser real.

Podemos identificar duas possibilidades daquilo que transita: ou ele é o conjunto dos cinco agregados que constituem os seres sencientes ou é o ser senciente que possui esses agregados. E eles devem ser permanentes ou impermanentes, para verdadeiramente existir. Não há outra possibilidade.

Primeiro, vamos examinar o que são os agregados. Os agregados permanentes não podem transitar no samsara, porque sua permanência nunca mudaria de estado ou fase. Eles não poderiam se deslocar de uma vida à outra, e nem mesmo de um lugar para outro, porque seriam imutáveis. Os agregados impermanentes também não transitam pelo samsara, porque algo impermanente termina assim que começa – essa é a definição de impermanência. Se permanecesse durante determinado período, seria permanente e não impermanente. Por isso, algo impermanente não tem tempo de se locomover, pois desaparece logo após aparecer. Dessa forma, agregados impermanentes não teriam tempo de transitar no samsara, pois acabariam assim que começassem. Logo, nem os agregados permanentes nem os impermanentes podem transitar pelo samsara e, como não há nenhuma outra alternativa, é logicamente impossível que os agregados transitem no samsara.

O mesmo acontece com os seres sencientes. Seria impossível que seres sencientes permanentes transitassem no samsara, porque eles nunca se deslocariam. Seres sencientes impermanentes também não se moveriam no samsara, porque no primeiro momento eles existiram e no momento seguinte desapareceriam. Eles não poderiam ir de um lugar para outro e muito menos de uma vida para outra, porque não teriam tempo de fazê-lo. E assim, logicamente, os seres sencientes também não podem ser aqueles que transitam pelo samsara.

Como a lógica demonstra a impossibilidade de os agregados – permanentes ou impermanentes – e de os seres sencientes transitarem pelo samsara, e como não há outra possibilidade, a única conclusão a que chegamos é que realmente não há ninguém transitando no samsara. E como isso não existe, o samsara também não existe de verdade. O samsara não é real, é uma simples aparência que surge de forma interdependente.

O terceiro verso apresenta outra linha de raciocínio:

> Se o indivíduo realmente transitasse de uma
>   existência à outra,
> Então, entre elas não haveria nenhuma existência!
> Sem uma existência e sem agregados próprios,
> Que indivíduo estaria transitando?

Se esta vida, a próxima e a transição entre as duas realmente existissem, então, haveria um indivíduo que se adaptaria a um conjunto de agregados nesta vida e, depois, os abandonaria para novamente se adaptar a um conjunto diferente no início da vida seguinte. Porém, entre as duas vidas, só haveria um indivíduo, aquele que se apropria, sem nenhum agregado de que ele pudesse se apropriar. O ser, nesse ponto, não teria um agregado. Entretanto, isso seria ilógico, porque não se define um indivíduo sem os agregados que o compõem. Não haveria nem corpo nem mente. Por definição, um indivíduo é aquele que toma os agregados para si. Então, como esse ser que se apropria dos agregados poderia existir sem nenhum agregado a ser apropriado?

Por exemplo, tome a situação de um ser humano nesta vida que passa a ser um deus na vida seguinte. Entre morrer como ser humano, não prosseguir com determinada série de agregados e renascer como um tipo de deus, com um novo conjunto de agregados, haveria um intervalo vazio. A pergunta é: durante o intervalo vazio, o que acontece no samsara? Seria incoerente pressupor alguma coisa, pois não haveria nada. Nesse caso, todo o conceito de samsara, como um contínuo de vidas sem interrupção, seria inaplicável.

Alguém pode argumentar: "Entre as duas existências, o ser senciente se encontra no bardo, o estado intermediário". Essa colocação é ótima, porém, a próxima pergunta então seria: o que se encontra entre o período de abandono dos agregados humanos e de apropriação dos agregados do bardo? Os seres sencientes no bardo continuam tendo agregados, porém, eles são de uma variedade mais rarefeita do que os nossos. Assim, postular a existência do bardo muda a pergunta, mas não acaba com ela.

Vamos observar o exemplo de ser um animal, um porco, na vida anterior e um ser humano na atual. Primeiro, somos um porco e depois passamos a ser uma pessoa. Nesse caso, entre ser um porco e um ser humano, temos a seguinte pergunta: os agregados do ser humano são os mesmos que os agregados do porco, ou não? Se eles forem os mesmos, então aquele porco seria permanente. Porém, se eles forem diferentes, primeiro teríamos os agregados do porco, em seguida não teríamos absolutamente nada e, finalmente, teríamos os agregados dos seres humanos. Os agregados dos seres humanos não teriam uma causa, pois teriam recentemente saído daquele nada no intervalo entre as duas vidas. Portanto, nem a possibilidade da permanência nem a da impermanência é viável, e a existência do samsara também é impossível. Isso fica claro quando analisamos dessa forma, com o raciocínio lógico.

O samsara é o ciclo sem início da existência, em que os seres scientes transitam entre os seis reinos, de uma vida à outra. A partir dessa análise, podemos ver que o samsara é uma mera aparência, criada de maneira interdependente, como um sonho. Não existe nada real nele ou dele. Como o samsara não passa de uma aparência gerada de forma interdependente, ele é naturalmente aberto, amplo e descontraído. Não há nada a ser purificado, apenas os nossos pensamentos que acreditam nessa existência.

No *Retrato Autêntico do Caminho do Meio*, Jetsün Milarepa cantou: "Nem sequer o nome 'samsara' existe". Não somente o fundamento ao qual é dado o nome samsara não existe, mas também o próprio nome não existe. Afinal, o nome samsara é composto de três sílabas. Quando dizemos *sam*, a primeira sílaba, nesse momento *sara* não existe. E quando dizemos *sa*, não existe o *sam* ou o *ra*. E quando dizemos *ra*, *samsa* não existe. Se o nome realmente existisse, todas as suas partes teriam de existir ao mesmo tempo!

Na verdade, a base à qual o nome samsara é atribuído, e até mesmo o próprio nome, são natureza do vazio-aparência indiferenciadas. Na canção *Oito Modelos de Supremacia*, Milarepa descreve:

> Não separar a aparência e a natureza do vazio
>   é dominar a visão.

Com isso, podemos ver que a intenção de Milarepa e de Nagarjuna é a mesma. Havia outro argumento: "O samsara realmente existe porque o nirvana, a transcendência do samsara, existe". Nagarjuna analisou o nirvana no quarto verso e, com isso, respondeu ao argumento:

> Não importa como aconteçam,
> É insustentável que os agregados alcancem o nirvana.
> Não importa como sejam,
> É insustentável que os seres sencientes alcancem o
>   nirvana.

O nirvana não existe verdadeiramente, pois, quando o analisamos, não encontramos nada e ninguém que possa alcançá-lo. Por exemplo, os agregados não atingem o nirvana porque os que são permanentes não podem mudar de estado – eles não passariam da condição do samsara para a condição do nirvana. E os impermanentes apareceriam e logo em seguida desapareceriam, por isso, eles não teriam tempo de atingi-lo. Usando a mesma lógica, os seres sencientes permanentes não atingiriam o nirvana porque seriam imutáveis, e os seres impermanentes não teriam tempo para fazê-lo.

Outra razão para o nirvana não existir realmente é que o samsara e o nirvana existem de forma interdependente. O samsara só ocorre devido ao fato de haver o nirvana, e o nirvana só ocorre devido ao fato de haver o samsara. Como esses dois eventos dependem mutuamente para existir, intrinsecamente eles não existem.

É isso que o Jetsün mencionou na sua canção *Um Retrato Autêntico do Caminho do Meio*:

> Sem meditador e sem algo a ser meditado,
> Sem caminhos e níveis percorridos e sem sinais
> E nem corpos como um produto nem sapiência.
> E, assim, o nirvana não existe,
> São apenas designações, nomes e relações.

Todo esse trecho é um raciocínio lógico que se desenvolve em etapas. Inicialmente, Milarepa entoou que o meditador não existe. Ele não existe porque o ser não existe. Se não existe o meditador, não pode haver nenhum objeto de meditação. E sem um objeto de meditação, não pode haver nenhum caminho ou sinais de progresso durante o percurso. Sem o caminho, não existe um corpo como resultado final e sapiente.[23] Sem eles, tal nirvana não existe. Todos esses termos não passam de designações, são apenas nomes e imputações.

O *Sutra do Coração da Sabedoria* ensina que não há "nem caminho nem sabedoria, nem realização nem não realização". Esse ensinamento sobre a inexistência da realização e da não realização é uma perspectiva também a ser aplicada aos outros assuntos mencionados. Por exemplo, nem há o caminho nem a ausência de um caminho, nem sabedoria nem ausência de sabedoria e assim por diante. A natureza última da realidade transcende todos os conceitos do que ela possa ser.

As pessoas que acreditavam na existência verdadeira dos eventos continuaram afirmando que o samsara e o nirvana existem, porque o cativeiro e a liberdade existem. Por isso, Nagarjuna respondeu, no quinto verso, com a própria análise do cativeiro e da liberdade:

> Os agregados, caracterizados pelo nascimento e
>   pela decomposição,
> Não são presos e não se libertam.
> De modo semelhante, os seres sencientes
> Não são presos e não se libertam.

É muito fácil ver que os agregados permanentes ou os seres sencientes não podem ser aprisionados e depois libertados, por isso não foi necessário que Nagarjuna explicitamente os mencionasse nesse verso. O que ele examina, entretanto, é a convicção de que os agregados impermanentes são inicialmente confinados e depois libertados. Essa noção é errada, pois os agregados impermanentes sofrem a condição de acontecer e ser interrompidos a cada momento. Por isso, eles não teriam tempo de se libertar daquilo que os atou, não teriam tempo para as duas circunstâncias diferentes, pois, assim que aparecessem, seriam imediatamente interrompidos. Do mesmo modo, seres sencientes permanentes e impermanentes também não poderiam ser presos e libertados.

Às vezes, parece que estamos amarrados fortemente pelas aflições mentais do desejo, da ira, da inveja e assim por diante. Nagarjuna analisa esses eventos no sexto verso e demonstra que as aflições mentais não prendem ninguém, de modo algum:

> As aflições mentais, elas amarram?
> Elas não amarram alguém que já esteja aflito,
> E elas não amarram alguém que não esteja aflito,
> Então, que oportunidade elas teriam de amarrar alguém?

Se acharmos que as aflições mentais realmente nos atam, devemos perguntar: quem inicialmente está amarrado por elas? Elas não podem se iniciar naqueles que já estão aflitos – os seres sencientes. Não faz sentido recomeçarem, uma vez que os indivíduos já estariam amarrados por elas. Também não podem começar naqueles que não estão atados, como é o caso dos budas, porque as aflições não têm o poder de amarrar seres tão realizados. Por isso, se as aflições que amarram nem sequer principiam, como alguém poderia ser verdadeiramente atado por elas? Na realidade autêntica, as aflições mentais não amarram ninguém. O problema que elas parecem causar é uma mera aparência, sem a menor realidade. Como inicialmente as aflições não amarram ninguém, sua libertação também não existe. Desse modo, a realidade autêntica transcende as noções de cativeiro e liberdade. Nela, nada se confina nem se liberta.

Como o cativeiro e a liberdade não são reais, também o samsara e o nirvana não existem realmente. É o que Nagarjuna ensina no décimo e último verso:

> Não há um nirvana a ser produzido
> Nem um samsara a ser superado.
> Na realidade essencial, que samsara é esse?
> O que pode ser chamado de nirvana?

Como o samsara e o nirvana não existem de verdade, não há um nirvana a ser produzido ou atingido, nem um samsara a ser eliminado. Não há um samsara a ser superado nem um nirvana a ser produzido porque não há uma existência inerente nos fenômenos. Se tudo existisse realmente, haveria de fato um samsara de que se livrar e um nirvana a alcançar. Seria esse o caso. Mas como tudo é de fato vazio de essência própria, não há um samsara do qual precisamos nos libertar nem um nirvana que precisamos atingir.

Durante um sonho, acontecem situações de que gostamos e que achamos "boas", e outras de que não gostamos e achamos "ruins". Se os eventos que ocorrem durante um sonho realmente existissem, as aparências boas de que gostamos e as ruins de que não gostamos também existiriam de verdade. Como não é esse o caso – nada em um sonho tem natureza verdadeira –, então não existe nem o bom nem o ruim. Por essa razão, ensina-se que o cativeiro e a liberdade, o samsara e o nirvana são igualdade.

Como a verdadeira natureza da realidade é a igualdade entre ser confinado e libertado, esse modo de ser é "originalmente livre" ou "primordialmente livre". Os grandes sidhas entoaram vários versos a respeito da experiência de perceber a liberdade original, primordial. É incorreto acharmos que tudo isso não passa de análise intelectual, de filosofia, de um tipo de exercício mental. Milarepa, o senhor dos iogues, cantou exatamente a respeito disso em *Um Retrato Autêntico do Caminho do Meio*, uma canção sobre a sabedoria que se manifesta durante os estados de meditação.

Além disso, quando os ensinamentos do Mahamudra e Dzogchen dizem que nem o samsara nem o nirvana existem verdadeiramente, as explicações se baseiam exatamente nesses raciocínios para estabelecer sua validade. Sem eles, seria impossível provar que tais ensinamentos são corretos.

CAPÍTULO 17

UMA ANÁLISE DAS AÇÕES CÁRMICAS E SEUS RESULTADOS

Nos sutras, o Buda ensinou:

> Para os descendentes de família nobre, as ações cármicas não existem e os resultados dessas ações também não.

Os nobres budas e bodisatvas percebem a natureza vazia de todos os fenômenos e sabem que as ações cármicas e seus resultados não existem verdadeiramente. Por isso, eles as superam, pois as ações e resultados cármicos são o que, em geral, conduzem os seres no samsara. Neste capítulo, Nagarjuna usa o raciocínio lógico e prova a validade desses ensinamentos que dizem que essas ações e seus efeitos não existem de verdade.

Nagarjuna compôs este capítulo para se contrapor ao argumento que diz que o samsara existe devido àquilo que o compõe: as ações cármicas e os seus resultados. Se as pessoas acreditarem nisso, até que seja provado que tais fatos não existem, elas serão incapazes de chegar à conclusão de que o próprio samsara não tem realidade inerente. Se as ações e resultados cármicos existissem, é verdade que o samsara também existiria, mas, se eles não existem, o samsara necessariamente também não existe.

Podemos formular o seguinte raciocínio lógico: as ações e os resultados cármicos são meras aparências, destituídas de existência verídica, porque não existe um indivíduo, um protagonista para atuá-las. Essa é uma colocação válida, porque, se o próprio indivíduo não existe, não pode haver nenhuma ação e, consequentemente, nenhum resultado.

Podemos também analisar a relação entre os indivíduos e as ações, perguntando qual deles vem primeiro. O indivíduo não pode ser o primeiro, pois, nesse caso, haveria um protagonista sem nenhuma ação. Também seria impossível que a ação viesse antes do indivíduo, se assim fosse, existiria uma ação mesmo que ninguém a operasse. E, também, o protagonista e a ação não existem simultaneamente, caso contrário, cada um seria inerentemente independente e sem nenhuma conexão. Se esse fosse o caso, o protagonista e a ação existiriam simultaneamente, como duas entidades separadas, mas sem conexão entre si, o que seria ilógico. Por isso, aquele que atua e a ação não existem sucessivamente nem simultaneamente, ou seja, não existem de verdade.

Se as ações cármicas e aqueles que as realizam existissem genuinamente, qual seria a qualidade dessa existência? Se o protagonista realmente existisse, necessariamente ele teria uma realidade independente, o que significa que sempre existiria, com ou sem uma ação. Do mesmo modo, se a ação realmente existisse, ela teria uma realidade independente, não dependeria de ninguém – ela existiria sozinha. Obviamente, esse não é o caso, porque só podemos dizer que existe uma ação quando alguém a atua. Como dependem mutuamente para existir, eles não têm uma realidade independente, não são reais.

Alguém poderia perguntar: "Não é niilista achar que as ações cármicas e seus resultados não existem?". Na verdade, não se trata de niilismo, porque não existe um indivíduo que tenha tal visão niilista. O niilismo só acontece se houver alguém que o sustente, mas, como não há ninguém e nenhuma visão, ele não acontece. Além do mais, como o pensamento sobre o niilismo nem começa, permanece ou acaba, ele não acontece na realidade autêntica, que transcende os conceitos sobre realismo e niilismo, ações e resultados cármicos e, também, a ausência de ações e resultados cármicos.

Se as ações cármicas e seus resultados não existem no substrato da realidade, qual é a qualidade dessas aparências? Nagarjuna descreve no verso 33 deste capítulo:

> As aflições mentais, ações, corpos,
> Assim como os que atuam e os resultados,
> São como cidades de gandarvas,
> Como miragens e como sonhos.

Este verso nos ensina que as ações cármicas e seus resultados genuinamente não existem. Eles são convencionados, apenas uma aparência superficial, como as cidades de gandarvas, miragens e sonhos. Por isso, mesmo quando as ações e seus atuantes não existem genuinamente, na realidade aparente eles existem como um simples aspecto que se manifesta de forma interdependente. Por isso, não precisamos nos preocupar ou temer que a realidade aparente seja um nada. A realidade é a não diferenciação entre aparência e natureza do vazio, e essa natureza do vazio-aparência é aberta, ampla e descontraída.

O *Sutra do Coração da Sabedoria* ensina: Não há nenhuma ignorância, nem fim da ignorância, nenhuma velhice e morte, nem fim da velhice e morte.

Aqui, entre os 12 elos dos aspectos interdependentes, o sutra explicitamente menciona o primeiro e o último. Entretanto, também é necessário pôr em prática os outros dez que são intermediários.[24]

Se a ignorância existisse inerentemente, seu final também existiria da mesma forma. Como ela não existe dessa maneira, seu final também não ocorre. Se a velhice e a morte existissem inerentemente, elas também teriam um fim. Mas como elas não têm realidade própria, tampouco acabam de verdade. Então, o que são elas? São como os sonhos, as ilusões e luas d'água. Confusão, liberação, impureza, pureza, tudo não passa de aparências que se manifestam de forma interdependente, cujo verdadeiro modo de ser é a igualdade.

Quando sonhamos que estamos sujos e depois nos limpamos, e não sabemos que estamos sonhando, tanto o sujo quanto o limpo parecem existir. Mas quando sabemos que se trata de um sonho, a sujeira é simples aparência, assim como a limpeza. Na realidade autêntica do sonho não há nem sujeira nem limpeza. Isso é fácil de entender – por favor, não se esqueçam disso.

No *Retrato Autêntico do Caminho do Meio*, Milarepa cantou:

> Tudo que é animado e inanimado – os três reinos,
> Primordialmente nem nascem nem existem,
> Carecem de fundamento e não coexistem.
> Não existe o carma nem o seu amadurecimento,
> Portanto, nem sequer o nome "samsara" existe.

Devemos nos lembrar disso o tempo todo. Em nossos estudos, se fizermos a relação entre os ensinamentos desse grande mestre que foi Nagarjuna com aquilo que Milarepa, o senhor dos iogues, ensinou, nossa compreensão se tornará extremamente profunda.

CAPÍTULO 18

Uma Análise do Ser e dos Fenômenos

Nos sutras, o Buda ensinou:

> As formas são vazias do próprio ser e do próprio fenômeno.

Esta declaração específica em relação às formas também se aplica aos inúmeros fenômenos que existem. Neste capítulo, Nagarjuna prova essa validade com o raciocínio lógico.

Todos os ensinamentos do Buda sobre a natureza do vazio estão incluídos na descrição da ausência de um indivíduo em si e na ausência dos fenômenos em si. Esses dois tipos de ausência de uma entidade, ou seja, natureza do vazio, são o enfoque deste 18º capítulo e o âmago de todo o texto.

Nagarjuna o compôs como resposta às pessoas que perguntaram: "Afinal, se ações, aflições mentais, agentes e assim por diante são falsas aparências, qual é a natureza verdadeira da realidade?". Como resposta, Nagarjuna explicou os dois tipos de ausência que constituem a essência da realidade genuína.

Os primeiros quatro versos e a primeira linha do quinto verso explicam de maneira excepcionalmente clara a ausência do ser do indivíduo. Lê-se no primeiro verso:

> Se o ser fosse os agregados,
> Ele seria algo que acontece e acaba.
> Se o ser fosse algo diferente dos agregados,
> Ele não teria as características dos agregados.

No capítulo 10, "Uma Análise do Fogo e da Lenha", Nagarjuna analisou todas as cinco relações possíveis entre o ser e os agregados. Aqui, elas foram condensadas nas duas essências. A pergunta é: se o ser existe, ele é igual ou diferente dos cinco agregados que compõem o corpo e a mente do indivíduo?

Em primeiro lugar, o ser não pode ser o mesmo que os agregados, pois ele aconteceria e terminaria da mesma maneira que os agregados. Por exemplo: assim como a percepção de partes do corpo se manifesta e desaparece a cada momento, o ser nasceria e morreria a cada momento. Como os sentimentos que mudam a cada instante, ele duraria apenas por um instante e, em seguida, seria substituído por outro ser. Além disso, se o ser fosse os agregados, como eles são muitos, haveria muitos seres no indivíduo. Cada uma das partes do corpo seria um ser diferente, cada pensamento seria um ser diferente. E, finalmente, se o ser fosse os agregados, já não diríamos mais que ele possui os agregados. Não poderíamos mais dizer "minha cabeça", "meus pensamentos" ou "meus sentimentos", porque essas afirmações pressupõem que o ser e os agregados são coisas diferentes.

Por outro lado, o ser também não pode ser diferente dos agregados. Se fosse assim, ele não teria nenhuma das suas características, não nasceria, viveria e morreria, pois tudo que começa, continua e acaba está incluído nos cinco agregados. O ser não seria capaz de efetuar nenhuma função, porque tudo que executa uma função está incluído nos cinco agregados. Em vez de ser algo, ele seria um nada inerte, como espaço vazio.

E, assim, o ser não é igual nem diferente dos agregados e não existe outra possibilidade em relação a isso. Portanto, o ser não existe verdadeiramente. É simples assim. Lê-se no segundo verso:

> Se, inicialmente, não existe um "eu",
> Como pode haver algo que me pertence?
> Quando se descobre que "eu" e "meu" é paz,
> Acaba-se o apego ao "eu" e "meu".

Este verso é bem fácil de entender. Uma vez que se determine que o ser não existe, necessariamente se deduz que não há nada que pertença a ele. Isso mostra que toda a possessão e o apego ao que consideramos nosso são tão confusos quanto o pensamento inicial, de que realmente existimos.

Ao escutar e refletir sobre esses raciocínios, desenvolvemos a compreensão correta de que "eu" e "meu" não existem genuinamente, de que sua natureza é a paz que vai além da construção mental. Esse conhecimento preciso é suficiente para acabar com o apego confuso à realidade das coisas. Na verdade, não há outra maneira de fazê-lo. Não conseguimos parar de nos apegar à convicção do "eu" e "meu" até termos certeza de que eles não existem. Não é suficiente simplesmente ter fé nos ensinamentos do Buda sobre a ausência do eu, se essa fé não for confirmada. Quanto mais esse conhecimento se fortalece, mais enfraquece nosso apego a uma existência verdadeira do ser. E fica mais fácil usar o conhecimento como um remédio contra essa opinião equivocada, quando notarmos que ela aparece. Ao usarmos esse antídoto, o apego e a convicção se dissolvem na certeza aberta, ampla e desprendida de que o ser é mera aparência, a união da natureza do vazio-aparência. Isso é algo que precisamos treinar constantemente.

Algumas pessoas argumentaram: "Existem iogues e ioguinis que percebem a ausência do ser e, afinal, isso prova que o ser realmente existe, se não, quem são aqueles que percebem isso?". Nagarjuna responde no terceiro verso:

> Aqueles que não se apegam ao "eu" ou "meu"
> Também não existem.
> Esses que não se apegam ao "eu" ou "meu"
>   enxergam corretamente,
> Por isso eles não identificam uma entidade.

Podemos usar a análise do primeiro verso, sobre iogues e ioguinis que percebem a ausência do ser, e ver como eles também nem são iguais nem diferentes dos agregados, eles também não existem. Esses seres realizados são igualmente simples aparências geradas de forma interdependente, designações conceituais sem realidade inerente, natureza do vazio-aparência. O fato de aparecerem não determina que existam verdadeiramente, mesmo assim, isso não os impede de se manifestarem de maneira semelhante às aparências que ocorrem em um sonho.

As duas últimas linhas ensinam como a percepção dos iogues e ioguinis sobre a ausência do ser previne o autoapego de acharem que existem verdadeiramente ou de sentirem orgulho. Como eles sabem que realmente não existe ninguém que realiza nada, qual o motivo do orgulho? Por outro lado, enquanto alguém tiver orgulho ou apego às suas percepções ou experiências meditativas, deve saber que ainda não reconheceu a ausência do ser.

O quarto verso e a primeira linha do quinto verso descrevem a percepção da ausência do ser do indivíduo e mostra como nos libertar do samsara:

> Quando paramos de considerar os agregados
>   internos e externos como "eu" ou "meu",
> Tudo o que há de errado desaparece
>   E, uma vez que tenha sumido, acaba o nascimento
>   na existência cíclica.
> Quando as ações cármicas e as aflições mentais
>   terminam, isso é libertação.

Os agregados internos constituem o corpo e a mente de alguém, e os agregados externos são tudo o que está do lado de fora e não é considerado como parte desse alguém. Nosso conceito e equívoco a respeito de esses agregados internos e externos constituírem o "eu" e "meu" são a raiz do sofrimento samsárico. Quando acreditamos na verdadeira existência de um "eu" e "meu", pensamos assim: "acho isso agradável" e "acho isso desagradável". Essas são as raízes das aflições mentais, do apego e da aversão, respectivamente. São essas aflições que nos levam a perseguir o que achamos agradável e evitar o que achamos desagradável. Em resumo, de levar a cabo ações cármicas corrompidas que resultam no sofrimento contínuo do samsara.

Entretanto, quando a ausência de um ser no indivíduo é percebida, esse processo todo para. A perspectiva errônea enraizada na convicção do ser é interrompida; em seguida, as aflições mentais e as ações cármicas são interrompidas e o resultado é a cessação do nascimento na existência cíclica do samsara. A interrupção do nascimento compulsivo no samsara é a libertação descrita como nirvana no Shravakayana e Pratyekabudayana. Uma vez que os praticantes desses caminhos tenham percebido perfeitamente a ausência de uma entidade no ser, eles atingem o nível de um arhat no "nirvana com resíduo". Isso significa que, enquanto estiverem vivos, eles ainda contêm o resíduo dos seus agregados corrompidos. Quando essa última vida acaba, eles atingem o estado de um arhat no "nirvana sem resíduo", o abandono de todos os agregados e o início da amplidão da paz. Os bodisatvas que percebem a ausência do ser no indivíduo se libertam do nascimento samsárico, da mesma forma que os arhats, porém o efeito é diferente. Eles continuam renascendo continuamente no samsara, devido ao amor e compaixão que sentem pelos seres e pelo desejo de também guiá-los ao final do samsara. Eles não se satisfazem em simplesmente se libertar – querem que todos o façam! Como escreveu o bodisatva Ngulchu Thogme nas *Trinta e Sete Práticas de um Bodisatva*:

> De que adianta a felicidade pessoal
> Se cada mãe que foi tão afetuosa com você,
> Desde um tempo sem início, está sofrendo?
> Assim, para liberar um número infinito de seres
>   sencientes,
> Gerar a mente da iluminação
> É a prática de um bodisatva.

Dessa forma, os bodisatvas se satisfazem em renascer continuamente no samsara. Eles não sofrem por isso, pois percebem a ausência do ser do indivíduo da maneira como foi explicada. Por que eles sofreriam quando sabem que não existe um ser para sofrer? Com essa percepção, o samsara é uma experiência agradável e o seu trabalho pelo benefício dos seres sencientes não é interrompido por pensamentos depressivos, desânimo, medo ou egoísmo. Essa é a importância de constatar a ausência do ser do indivíduo.

Entretanto, para o benefício ser maior, é preciso atingir o estado de onisciência, a budeidade. É preciso aperfeiçoar a percepção da ausência do ser do fenômeno, que é o próximo assunto do capítulo.

Há vários sinônimos para designar o que deve ser percebido: "natureza do vazio", "verdadeira realidade", "expansão da verdadeira realidade" (darmadatu), "realidade essencial" (darmata) e "o exato modo de ser da realidade". A última expressão é usada aqui e suas características estão descritas no nono verso:

> Inconcebível por analogia; paz;
> Não produzido por pensamentos;
> Não conceitual e livre de distinções –
> Essas são as características da natureza exata.

Essas são as cinco definições do exato modo de ser da realidade. Ela tem esse nome para enfatizar que se trata exatamente disso e nada mais, apenas a realidade genuína. Primeiramente, o exato modo de ser é "inconcebível por analogia", transcende todas as construções mentais, não pode ser descrito com exemplos, sinais ou expressões. A única maneira de ajudar os discípulos a entendê-lo é descrever o que ele não é. Por isso, o Buda ensinou que o exato modo de ser nem começa nem acaba, não é singular nem plural, não vem nem vai, não é existente nem não existente.

Essas explicações não descrevem diretamente o exato modo de ser, mas ajudam a dissolver conceitos que tentam estabelecer o que ele seja, o que nos levará à experiência direta. A única maneira de experimentá-lo diretamente é por meio da compreensão precisa que vem da meditação. É impossível demonstrar ou explicar.

Por essa razão, se for descrito ou identificado por meio de conceitos, termos ou exemplos e reconhecido dessa forma (sem a compreensão precisa que surge com a meditação), ele não é o exato modo de ser da realidade.

Em segundo lugar, ele é "paz em sua verdadeira natureza". O exato modo de ser é paz, livre dos quatro extremos da existência, não existência, ambos e nenhum. Por isso, se algo estiver contido em um deles, é porque não é o exato modo de ser da realidade.

Em terceiro lugar, não é "produzido por pensamentos". Se for possível formular uma expressão que o descreve como "isso" ou "aquilo", ele não é o exato modo de ser. Como não ocorre nenhum movimento da mente conceitual, não é necessário mencionar que ele transcende o artifício das palavras.

Quarto, ele é "não conceitual", não é um objeto da mente conceitual, mas da sabedoria primordial não conceitual. Isso também foi explicado pelo bodisatva Shantideva no seu *Guia da Conduta do Bodisatva*:

> A realidade genuína não pode ser vivenciada
> pelo intelecto.

Assim é, porque a realidade genuína não pode ser descrita por conceitos que estabeleçam a existência, a não existência e assim por diante. Como esses rótulos não se aplicam a ela e pelo fato de que os pensamentos se relacionam com todos os eventos apenas em termos de nomes e rótulos, a realidade genuína não pode ser reconhecida pelo intelecto nem penetrada pela mente conceitual. Portanto, se o intelecto compreende algo, seja o que for, isso não é a natureza exata da realidade.

E, finalmente, o exato modo de ser é "livre de distinções". Ele não contém nada diferente, porque é a igualdade de todos os opostos. Bom e ruim, inimigo e amigo, pobre e rico, masculino e feminino, limpo e sujo, sofrimento e alegria, e assim por diante. O exato modo de ser é a igualdade de tudo que é distinto, porque ele os transcende. Por essa razão, se algo cai na categoria de uma dessas distinções, ele não é o exato modo de ser da realidade.

Em resumo, os ensinamentos deste capítulo nos dizem que tudo no samsara e no nirvana é vazio de entidade no indivíduo e nos fenômenos. Tudo é vazio de uma existência inerente, portanto, o genuíno modo de ser da realidade não pode ser descrito. Não é um objeto da expressão. Está além das fabricações mentais de acontecer, permanecer e terminar. Essa explicação está em harmonia com as tradições do Mahamudra e Dzogchen, nas quais se encontram diversos ensinamentos sobre o fato de a realidade genuína ser inexplicável e inconcebível. Esses ensinamentos estabelecem sua validade por meio dos mesmos raciocínios encontrados no famoso texto de Nagarjuna.

CAPÍTULO 19

UMA ANÁLISE DO TEMPO

No *Sutra Mãe*, o Buda ensinou:

> O passado é imperceptível, o futuro é imperceptível
> e o presente é imperceptível...
> Os três tempos são equivalentes.

O passado e o futuro não são percebidos pela visão da sabedoria. Nós os percebemos, mas eles não se encontram em nenhum lugar. Do mesmo modo, o presente não permanece nem por um instante e, por isso, também não é perceptível.

Nagarjuna compôs este capítulo como uma resposta às pessoas que afirmavam que tudo existe porque os três tempos existem e que somente é possível designar o passado, o presente e o futuro porque eventos compostos acontecem. Designamos o passado devido a eventos que acabaram; o presente, porque eles acontecem agora; e o futuro, em decorrência do que está para acontecer. O Buda se referiu aos três tempos, portanto, eles definitivamente existem, assim como suas causas. Esse era o argumento.

Na verdade, os três tempos não têm uma existência perceptível, eles são apenas conceitos imputados. Isso é fácil de entender quando lemos o primeiro verso deste capítulo:

> Se o presente e o futuro dependessem do passado,
> Eles existiriam no passado.

Podemos mudar este verso, para conter outras permutações:
Se o passado e o futuro dependessem do presente,
Eles existiriam no presente.
Se o passado e o presente dependessem do futuro,
Eles existiriam no futuro.

Para os três tempos existirem eles devem acontecer ou em dependência mútua ou independentemente. Por exemplo, se o presente e o futuro dependessem do passado, teríamos a consequência absurda de o presente e o futuro permanecerem no passado. Esse seria o caso, pois, para algo depender de algo mais, ambos precisam se encontrar. Se apenas um existe de cada vez, ele não depende de nada e não haveria nada para depender dele.

Se eles existissem independentemente, o absurdo seria que o presente duraria sem nenhuma noção de um passado ou de um futuro, e passado e futuro existiriam sem nenhuma noção do presente. Se assim fosse, teríamos de concluir que o presente não é realmente o presente, pois é algo que não depende do passado e do futuro. Entretanto, a única maneira de termos uma noção do presente é através de uma ideia de passado e futuro. Mesmo que algo se chame presente, se não depender do passado e do futuro, na verdade, não poderá ser o presente.

Mas se o presente acontecesse dependendo do passado e do futuro, ele aconteceria tanto no passado quanto no futuro. Para existir, ele deveria coexistir com aquilo de que ele depende. Então, o presente existiria no passado para poder depender do passado e existiria no futuro para depender do futuro.

Analisando dessa forma, fica claro que os três tempos não existem verdadeiramente, que o tempo é apenas uma criação dos nossos pensamentos. Por exemplo, quando estamos nos divertindo parece que o tempo passa rápido. Quando estamos sofrendo, temos a impressão de que passa vagarosamente, de uma forma excruciante. E, finalmente, quando estamos dormindo profundamente, não temos a menor ideia do tempo — ele simplesmente não existe nesse caso. Mas, afinal, como o tempo passa? Ele passa depressa, devagar ou ele não passa? Não há um modo objetivo de responder tal pergunta.

Hoje em dia é fácil ter a experiência direta da irrealidade do tempo – basta ligar para um amigo que está em outro país e perguntar que horas são! Ele pode responder: "É meio-dia", e você diria: "Não, são dez da noite". Quem é o vencedor desse debate? O fato de pessoas em partes diferentes do mundo terem diferentes noções do tempo mostra que ele é uma mera aparência que surge devido ao encontro de causas e condições. É apenas imputação dos pensamentos.

Se o tempo existisse realmente, seríamos capazes de percebê-lo independente de formas, sons, cheiros, sabores e sensações táteis. Ele existiria sozinho e seria possível percebê-lo. Contudo, o tempo só existe devido ao relacionamento de ideias que temos a seu respeito. Por exemplo, se nada terminasse, não teríamos noção do passado. Se aqui não houvesse nada, não haveria noção do presente e, se não antecipássemos os acontecimentos, não teríamos noção do futuro. Como o tempo só acontece na interdependência desses fatos, ele não pode existir verdadeiramente.

Chandrakirti explica no seu texto *Entrando no Caminho do Meio*: "O presente não permanece; o passado e o futuro não existem". Entre os dezesseis tipos de natureza do vazio, o tempo é "a natureza vazia do imperceptível". Quando diretamente procuramos por ele, vemos que é imperceptível. Tente agora mesmo – olhe para o relógio. Quando olhou para o relógio para ver que horas são, você viu o tempo? Não, o que se vê são apenas dois ponteirinhos se movendo! Quando procuramos por ele, nunca o encontramos, pois é imperceptível. O tempo tem a natureza do vazio.

Por diversas razões, perceber a natureza vazia do tempo é importante em nossa prática. A princípio, a tradição do Mahamudra considera o apego à realidade dos três tempos um equívoco. Sem reverter esse conceito, não seremos capazes de perceber o significado da igualdade.

Além disso, perceber o verdadeiro modo de ser do tempo evita que nos apeguemos à duração da nossa prática como algo real. Alguns têm a impressão de que sem meditar por longos períodos a prática não é o verdadeiro Darma. Outros sentem orgulho, pois acham que praticam por muitos anos e por isso se consideram adiantados. Uns se desapontam pela impressão de que praticam por muito tempo, mas não veem nenhum resultado. Podem se sentir tão frustrados que abandonam por completo a prática do Darma. E outros estão com muita pressa e acreditam que devem alcançar a iluminação o mais rápido possível. Perceber que o tempo não existe verdadeiramente e a igualdade entre períodos longos ou curtos nos liberta de todos esses apegos e das agitações mentais que eles causam. Essa ausência de apego é aberta, ampla e descontraída.

Reconhecer o verdadeiro modo de ser do tempo é especialmente importante para os bodisatvas. Eles prometem solenemente libertar cada um dos seres sencientes do samsara, uma quantidade infinita, não importando quantas eras isso possa levar. Como não se apegam aos períodos de tempo como sendo verdadeiros, sejam longos ou curtos, os bodisatvas se empenham avidamente e são felizes com isso. Como disse o Buda, "uma era e um instante são iguais". Por saberem disso, os bodisatvas são capazes de permanecer no samsara e continuamente agir para auxiliar os outros, sem se cansar ou desanimar.

Todas essas razões mostram por que é tão importante compreender que a natureza do tempo é natureza do vazio—aparência do vazio utilizando os raciocínios e a lógica apresentados neste capítulo. Quando tivermos certeza da natureza vazia do tempo e lembrarmos disso com frequência, estabilizaremos cada vez mais nossa convicção e, finalmente, perceberemos diretamente o verdadeiro modo de ser do tempo. É assim que esse processo funciona.

CAPÍTULO 20

Uma Análise da Coleção de Eventos

Nos sutras, o Buda ensinou:

> Tudo no universo
> São aparências de uma coleção de eventos.
> Portanto, nada existe em si mesmo
> E seu coletivo também não.

Uma floresta, os cabelos na cabeça, os fios tecidos que formam uma tenda, uma grinalda de contas e um exército são exemplos coletivos. Eles não são verdadeiros porque, apesar de as partes que os compõem estarem presentes, a entidade da coleção em si não existe. Quando olhamos uma floresta, por exemplo, não há realmente uma "floresta", mas apenas árvores. Tudo o que existe no samsara ou no nirvana também não passa de uma coleção de unidades menores que formam suas partes, enquanto o coletivo que possui essas partes, como a floresta, não existe.

Essa é uma ótima análise para se aplicar ao corpo. O corpo é uma coletânea de partes, e achamos que ele as possui. Entretanto, quando olhamos, vemos apenas as partes. A entidade "corpo", possuidora dessas partes, não pode ser encontrada. Por essa razão, o corpo não existe realmente. Quando também examinamos suas partes, a mão, por exemplo, vemos que é uma coleção de juntas. Entretanto, como não existe nada para possuir essa coletânea de juntas, a mão também não existe inerentemente. Os dedos podem ser analisados da mesma maneira, assim como os seus componentes, até atingir a menor partícula da matéria. Tudo não passa de coleções e, portanto, não tem existência inerente.

As pessoas sempre se reúnem em grupos que constantemente mudam e se dissolvem. Isso é devido ao fato de que qualquer que seja ele, a entidade do grupo em si não tem existência inerente.

Este capítulo foi composto como uma resposta às pessoas que disseram a Nagarjuna: "Apesar da sua refutação, o tempo existe de verdade, pois ele é uma parte do conjunto de condições que resulta no aparecimento de um resultado. Por exemplo, quando uma semente, os cinco elementos e o tempo se encontram, nasce um broto. Como o Buda ensinou: 'Quando uma coleção de causas se encontra e o tempo é propício, acontece um resultado definido'. Logo, como o encontro dessas causas existe e isso inclui o tempo, ele também existe".

Por isso, foi necessário que ele demonstrasse com o raciocínio lógico por que as coleções não existem realmente. Ele poderia simplesmente ter pedido gentilmente a elas que não acreditassem nessa ocorrência, mas isso não seria suficiente. Por outro lado, pessoas inteligentes e de mente aberta normalmente concordam com algo que é comprovado por meio da lógica.

Se observarmos o argumento anterior, veremos que certamente um conjunto de causas e condições deve se reunir para uma flor brotar. São necessários semente, solo, fertilizante, água, calor, oxigênio e espaço. Tudo isso deve estar presente para que ela nasça. Entretanto, apesar desses elementos singulares, não existe o que possa ser chamado de "a coleção", pois não vemos mais nada além de cada elemento individual. Não existe uma entidade coletiva que possa ser vista. Por esse motivo, a flor que aparenta ser o resultado desse agrupamento de causas e condições também não existe, porque inicialmente essa coletânea em si não existe.

O 19º verso do capítulo examina causas e resultados a partir de outro ângulo, mostrando que eles não podem ser iguais nem diferentes e, por isso, não existem genuinamente:

> Se a causa e o resultado fossem um só,
> Então, o produtor e o produto seriam o mesmo.
> Se a causa e o resultado fossem diferentes,
> Então, causas e não causas seriam equivalentes.

Aqui, devemos considerar as causas e os resultados de uma maneira que não nos é habitual. Não consideraremos a série contínua de uma causa como sendo uma unidade nem sua série contínua de resultados como outra unidade, porque isso seria apenas uma imputação mental. Por exemplo, é apenas um conceito o que toma todo o *continuum* de momentos separados de uma semente e o transforma em uma semente não diferenciada, ou que estabelece que todo o *continuum* de momentos separados de um broto é um único broto. Em vez disso, vamos analisar de maneira mais sutil, diferente do modo como geralmente fazemos. Vamos observar o instante final da semente e o instante inicial do broto que aparece.

Se o último momento da semente e o primeiro momento do broto fossem o mesmo, a causa e o resultado seriam o mesmo. A causa seria o resultado e o resultado seria a causa. "Produtor e produto seriam o mesmo", como Nagarjuna descreveu. Mas isso não faz sentido, pois sabemos por experiência própria que a causa e o resultado não são a mesma coisa. Por exemplo, quando o broto se forma, a semente desaparece. Se a causa e o resultado fossem o mesmo, a semente seria visível concomitantemente com o broto e, por conseguinte, o broto seria visível juntamente com a semente. Mas, como isso não acontece, concluímos que semente e broto, causa e resultado, não são uma entidade sem diferenciação.

Por outro lado, apesar de o último momento da semente e o primeiro momento do broto parecerem diferentes, se realmente fosse assim, eles seriam duas entidades independentes sem nenhuma conexão entre si. O resultado seria: nada que tenha causado o broto teria ligação com ele, inclusive a semente. Nesse caso, causas e não causas seriam equivalentes na sua falta de relação com o resultado e, portanto, ambos seriam capazes de produzir o broto. Se uma causa completamente diferente e sem nenhum elo com o seu resultado produzisse o mesmo resultado, o que impediria uma não causa, na mesma situação, de também o produzir?

Quando pressupomos que causas e resultados são diferentes, desaparece a distinção entre o que é ou não a causa de um resultado específico. Normalmente, achamos que existe conexão ou relação entre as causas e seus resultados. Assim, uma coisa pode produzir determinado efeito, mas outra não. Entretanto, sem essa relação, desaparece a razão pela qual algumas coisas produzem um determinado resultado e outras não. Se causas e resultados são diferentes um do outro, tudo poderia ser a origem de qualquer coisa, sem distinção. Como não é o caso, já que sabemos disso por experiência própria, também é impossível que causas e resultados sejam diferentes uns dos outros.

Quanto a causas e resultados serem iguais, permanece a noção de que, ainda que a causa em si não exista concomitantemente com o resultado, de alguma maneira a causa transfere sua essência para o resultado. Então, há uma continuidade dessa natureza essencial que vem da causa para o resultado que é produzido. Seria como um ator que simplesmente troca de roupa de um ato para o outro, mas permanece a mesma pessoa durante toda a peça. Qualquer que seja ela, alguma essência se manifestaria em um ponto como uma semente e em outro como um broto, enquanto ela permaneceria a mesma o tempo todo, transferindo-se de uma etapa para outra. Mas essa é a visão da permanência e é completamente insustentável. Se houvesse alguma essência permanente que continuasse a existir de uma fase à outra, ela não viria de causas e condições nem seria afetada por elas. Tudo o que surge de causas e condições é necessariamente impermanente e acaba imediatamente após aparecer, à medida que é substituído pelo resultado de um novo conjunto de causas e condições.

Se essa essência imutável não dependesse de causas e condições, ela não poderia produzir o resultado, porque nenhuma das duas forneceria à essência essa capacidade. Sem ser capaz de produzir o resultado, ela não teria nenhuma relação com a causa, pois suas características seriam exatamente o oposto das características de uma causa, que é definida pela sua capacidade de produzir um resultado.

Por outro lado, sob o ponto de vista que afirma que causas e resultados são diferentes, encontramos a noção de que a causa acaba e em seguida o resultado aparece. Mas isso implica o outro extremo, o da extinção, e postula que a causa desaparece e deixa de existir. Se primeiro a semente acabasse e depois surgisse o broto, este não teria uma causa realmente, pois no início a semente existiria; em seguida, acabaria; depois, não haveria nada; e finalmente apareceria o broto. Então, de onde viria o broto? Teria vindo do nada, após o término da sua causa. Essa perspectiva também não é convincente.

E, finalmente, encontramos o ponto de vista que defende que a causa nem existe no momento do resultado nem acaba antes de ele aparecer, mas que a cessação da causa e o aparecimento do resultado ocorrem simultaneamente. Essa é a impressão que temos da realidade: aparentemente a semente acaba e o rebento aparece exatamente ao mesmo tempo. Da perspectiva da realidade genuína, essa opinião também é insustentável, pois começar e terminar são apenas imputações mentais e não descrevem corretamente a realidade genuína. Pressupor que a ocorrência e o término acontecem ao mesmo tempo, fundamentalmente, não resolve o problema de a causa e o resultado não existirem nem ao mesmo tempo nem sucessivamente. Portanto, eles não existem verdadeiramente, pois, se a causa cessar no momento em que o resultado aparecer, quando a causa estiver "acabando" ela ainda existirá. E quanto ao resultado que está para "acontecer"? Ele existe quando está "se formando" ou não?

Se o resultado existisse quando está começando e se esse começo e o término da causa ocorressem ao mesmo tempo, os dois existiriam simultaneamente. Mas isso é logicamente impossível, pois, nesse caso, a causa e o resultado estariam separados e seriam entidades independentes sem nenhuma conexão entre si. E ainda mais, se o resultado existisse concomitantemente com sua causa, esta não teria a oportunidade de produzir o resultado, já que eles se iniciariam ao mesmo tempo. E se o resultado não existe quando está começando, então, o que estaria começando? Começar sem haver algo que comece não faz sentido. Portanto, esse ponto de vista que defende a ocorrência simultânea da cessação da causa e do surgimento do resultado também se desfaz quando analisado.

Assim, não é possível a causa existir ou não existir concomitantemente com o resultado. O Caminho do Meio não defende nenhuma dessas duas opiniões, por isso, é livre dos extremos da permanência e extinção, da existência e não existência.

Então, o que é a aparência do broto surgindo da semente, do resultado aparecendo devido a uma variedade de causas e condições? Essas aparências não são reais – são simples ocorrências que surgem de maneira interdependente. Elas são equivalentes ao que acontece quando a noite é clara, há um lago calmo e translúcido, e uma lua d'água brilha distintamente como resultado disso tudo. Como o sidha Gyalwa Gotsangpa cantou em sua canção de realização vajra *As Oito Lanças Flamejantes*:

> As trevas do apego clareadas,
> Causas e condições como reflexos,
> Saber o que fazer e o que não fazer, essa arte sutil –
> Esses três libertam completamente os
>   aparecimentos interdependentes,
> Como uma lança flamejando livremente no céu
>   aberto.

Quando nos livramos das trevas que são o apego aos eventos como sendo verdadeiros, causas e condições brilham como um reflexo em água clara, como manifestações vívidas da natureza do vazio-aparência. Sabendo que se trata disso, compreendemos exatamente o que fazer e o que não fazer. É por isso que entender o verdadeiro modo de ser das aparências não impede a boa conduta, ao contrário, leva-nos a ela. Esse conhecimento torna a conduta mais perspicaz e útil. É como olhar no espelho e enxergar nosso reflexo. Sabemos o tempo todo que o reflexo não é real, mas, mesmo assim, podemos limpar nosso rosto e ficar bonitos.

CAPÍTULO 21

UMA ANÁLISE DO QUE APARECE E SE DETERIORA

Nos sutras, o Buda ensinou:

> Oh, Bodisatva de Inteligência Brilhante, as formas não morrem e não nascem.

Unindo esse tema a muitos outros, o Buda ensinou a respeito da ausência do nascimento e da morte de forma muito abrangente.

Nagarjuna compôs este capítulo para responder àqueles que propunham a existência verdadeira de tudo e argumentavam: "Apesar das suas refutações acerca do tempo, os rebentos murcham no inverno e reaparecem na primavera. Assim, o tempo é a causa do aparecimento e da deterioração. Por isso, se eles existem, o tempo, que é a sua causa, também deve existir". Para provar que mesmo assim o tempo não existe verdadeiramente, Nagarjuna teve de demonstrar racionalmente que a manifestação e a deterioração não são reais.

Uma maneira de analisá-los é perguntando: "Se eles existem, eles são o mesmo ou são diferentes?". Nagarjuna responde no décimo verso:

> O aparecimento e a deterioração
> Racionalmente não podem ser o mesmo
> E não podem ser diferentes.

Eles não são o mesmo porque são opostos, como luz e escuridão, calor e frio, grande e pequeno. Dizer que algo aparece é o oposto de dizer que ele desaparece, exatamente como dizer que algo crescendo é o oposto de estar diminuindo. Eles também não podem ser diferentes, por que, se assim fosse, eles existiriam independentemente um do outro, o que não é o caso, porque o aparecimento de algo só ocorre na dependência do seu desaparecimento e o desaparecimento depende do aparecimento.[25] Além disso, quando consideramos a manifestação e o declínio de uma entidade singular, por exemplo, uma flor, pelo fato de eles acontecerem em relação à mesma flor, como podem ser diferentes? Como podem acontecer independentemente um do outro? Se fosse assim, teriam de acontecer em coisas completamente diferentes.

Essa lógica e outros raciocínios deste capítulo não foram suficientes para satisfazer os oponentes de Nagarjuna, que argumentaram ainda mais: "Qual o propósito de suas análises engenhosas? Todos, até mesmo pastores analfabetos, enxergam o aparecimento e a deterioração com seus próprios olhos! Essa experiência direta é suficiente para provar que eles são reais e não importa o que suas análises digam". Nagarjuna respondeu no 11º verso:

> Quando deduzimos que enxergamos o que aparece
>   e desaparece,
> Apenas a confusão os enxerga.

Como os acontecimentos durante um sonho, a aparente percepção direta do que aparece e desaparece não é suficiente para estabelecer que tais coisas existam verdadeiramente. Como em um sonho, quando não sabemos que estamos sonhando, é apenas o véu da nossa confusão que nos leva a achar que a mera aparência que surge e desaparece é real.

Portanto, os pastores podem conhecer muito bem a aparência de suas ovelhas, mas isso não significa que eles conheçam sua verdadeira natureza. Também é incorreto dizer que os pastores não são cultos, porque eles conhecem muito! Eles devem saber tudo a respeito das ovelhas: como elas são, como são os cordeiros, o que fazer quando o rebanho está doente, como protegê-lo de lobos e de outros perigos. No Ocidente, existem cães pastores para ajudar, mas, no Tibete, eles fazem tudo sozinhos. Por isso, não é justo chamar os pastores de ignorantes, pois aqueles que são bons precisam ter um conhecimento muito profundo! Os melhores sabem que suas ovelhas são natureza do vazio-aparência inseparável. Esse tipo de pastor cuida melhor de suas ovelhas e se diverte com isso.

CAPÍTULO 22

Uma Análise do Tatágata

Nos sutras, o Buda ensinou:

> O Tatágata é um fenômeno que nunca acontece e todos os outros fenômenos são semelhantes ao Sugata.[26]

Todos os demais fenômenos são como os Tatágatas dos três tempos que, em última análise, não nasceram.

Nagarjuna compôs este capítulo como resposta ao seguinte argumento: "O samsara existe porque os Tatágatas, os budas, existem. Foram eles que se libertaram do samsara. Como eles existem, o samsara, que eles transcendem quando chegam à iluminação, existe necessariamente".

Para ajudá-los a dissipar o engano sobre a existência verdadeira do samsara, Nagarjuna prova neste capítulo que o Buda não existe verdadeiramente. E o samsara também não. Porque seria ilógico que o samsara não existisse realmente, e o Buda existisse. Defender que todos os fenômenos não existem de fato, exceto pelo Buda, seria incoerente, pois, se os seres sencientes não existissem, mas o Buda sim, ele não teria nenhuma função, já que não haveria seres para auxiliar!

Lê-se no 11º verso do capítulo:

> Não se pode dizer que o Tatágata seja "vazio",
> "não vazio", ambos ou nenhum deles.

Use esses termos apenas como denominações
convencionais.

Na fase de não análise do verdadeiro modo de ser da realidade, o Buda existe. Durante a fase de pouca análise, quando o conhecimento exato examina o Buda, nada pode ser encontrado. Por isso se explica que, do ponto de vista da visão sábia, o Buda não existe. Na fase de análise completa, descobrimos que o modo efetivo da realidade transcende tanto a existência quanto a não existência do Buda. As construções mentais não são mais utilizadas. Essa é a explicação da primeira linha desse verso. Apesar disso, como está escrito na segunda linha, "use esses termos apenas como denominações convencionais". Isso significa que, apesar de as expressões "vazio", "não vazio", "tanto vazio como não vazio" e "nem vazio nem não vazio" serem incapazes de descrever a realidade genuína, ainda assim, às vezes é preciso explicar que o Buda existe, às vezes que ele não existe e outras vezes que o seu verdadeiro modo de ser transcende todas as construções mentais.

Para as pessoas que não acreditam no Buda nem confiam que exista tal coisa como a iluminação, é bom explicar que a budeidade existe como o resultado final do caminho que cultiva a sabedoria e a compaixão. Podemos explicar que existe um caminho de sabedoria e compaixão e que, quando atingimos o seu resultado final, quando efetivamos a perfeição máxima dessas duas qualidades, nos tornamos Buda. Dessa forma, o Buda existe como resultado desse caminho. É adequado explicar dessa maneira. Existem várias evidências que são coerentes com a presença desse caminho e o seu resultado.

Para aqueles que realmente acreditam que o Buda existe, é adequado explicar que, quando analisamos com a lógica, efetivamente não o encontramos. Não encontramos sua existência, e o próprio Buda Shakyamuni disse que o Buda não existe realmente. Essa explicação ajuda as pessoas a se desapegarem do Buda como sendo real. A única maneira de parar de achar que as coisas existem é desenvolver a certeza de que elas não existem. Dessa forma, quando meditamos sobre a natureza do vazio, precisamos primeiramente meditar sobre a negação não afirmativa[27] da existência onde nada permanece – sobre a natureza do vazio que é como o espaço.

Ainda assim, isso é uma construção mental da natureza do vazio e obscurece a nossa visão do verdadeiro modo de ser da realidade, que vai além de conceitos fabricados. Por isso, àqueles que se apegam à crença de que o Buda é vazio ou que não existe, é bom explicar que, em última análise, a realidade transcende todos os conceitos mentais. É adequado explicar que o Buda nem existe, nem não existe, nem é uma combinação dos dois e nem é algo que não é nenhum deles. Isso ajuda as pessoas a desistirem do apego que têm ao conceito sobre a natureza do vazio do Buda e a reconhecerem o seu verdadeiro modo de ser, que vai além de qualquer noção do que ele possa ser.

Quando estamos sonhando e sabemos que se trata de um sonho, nós achamos que existimos? Ou que não existimos? Os dois? Ou nenhum? Tal tipo de análise ajuda a entender o significado desse verso.

O primeiro passo é enxergar qual é o ponto de vista das pessoas em relação a esses quatro extremos. Eles podem achar que o Buda existe ou que não existe, que tanto existe quanto não existe, ou que nem existe nem não existe. A partir daí, dependendo de qual seja a elaboração mental, o mestre explica usando uma das três fases dessa análise, ou seja, que o Buda existe, ou que ele não existe, ou que o modo de ser do Buda transcende tanto a existência quanto a não existência. É importante saber quando elas devem ser utilizadas ou a explicação não trará benefício. Precisamos saber os motivos que nos levam a dizer que o Buda existe, quais os motivos para dizer que ele não existe e por que dizemos que ele transcende a existência e a não existência. O 12º verso refuta os extremos da permanência e impermanência, finito e infinito:

> Permanente, impermanente e assim por diante,
>   os quatro –
> Onde eles estão nessa paz?

Finito, infinito e assim por diante, os quatro –
Onde eles estão nessa paz?

Aqui, a paz se refere à verdadeira natureza da iluminação, à verdadeira natureza do Tatágata. Nessa natureza, na natureza insuperável da realidade, onde a permanência ou impermanência acontecem? Onde acontece uma combinação dos dois ou a ausência de ambos? Do mesmo modo, onde se realiza o finito ou o infinito? Ou algo que seja os dois? Ou que não seja nenhum?

Dependendo do que seja necessário em dado momento, é tanto admissível quanto importante descrever o Buda como permanente, impermanente ou como transcendendo tanto a permanência quanto a impermanência. Essas são as três fases principais. Por exemplo, alguém pode dizer: "Já que o Buda morreu, ele não está mais aqui. O Buda não existe neste momento porque ele é impermanente". Nesse caso, explica-se que o darmakaya da pureza natural é permanente e imutável.[28] Esse darmakaya não é nada mais do que o Buda e, por isso, o Buda é permanente. O Buda é exatamente isso: a pureza natural da essência básica da realidade que nunca deixa de existir.

Por outro lado, quando as pessoas se apegam à noção de que o Buda é permanente, elas precisam de uma explicação a partir do ponto de vista dos kayas de forma, que significa que até mesmo o Buda passa para o nirvana.[29] Até ele morre. Esse é o modo pelo qual essas duas explicações são usadas, dependendo daquilo em que a pessoa acredita. O fato é que a natureza legítima da realidade transcende tanto a permanência quanto a impermanência do Buda. Essa é a verdadeira natureza da realidade. O mesmo ocorre quando achamos que tudo é finito ou infinito – a mesma análise se aplica. No 16º verso do capítulo está escrito:

Qualquer que seja a natureza do Tatágata,
Também é a natureza do seres que vagueiam.
O Tatágata não possui natureza inerente;
Os seres que vagueiam não possuem natureza
   inerente.

A natureza dos tatágatas está além de qualquer conceito do que possa ser. É completamente isenta de qualquer mancha. É originalmente pura. Essa é exatamente a natureza dos seres — completamente além de conceitos, completamente isenta de máculas, pura desde o princípio. A natureza genuína do Tatágata e a natureza genuína dos seres é exatamente a mesma.

O samsara e o nirvana são a igualdade — na sua natureza verdadeira, eles são o mesmo. É isso que se ensina no Mahamudra e no Dzogchen. Assim como se explica que o samsara e o nirvana são iguais, o mesmo acontece com os budas e os seres sencientes — eles são iguais.

CAPÍTULO 23

UMA ANÁLISE DO QUE HÁ DE ERRADO

Nos *Sutras do Prajnaparamita*, o Buda ensinou:

> O desejo é perfeitamente puro, portanto, as formas são perfeitamente puras.

Relacionando isso às outras aflições mentais e conceitos confusos:

> A aversão é perfeitamente pura, portanto, as formas são perfeitamente puras.
> O orgulho é perfeitamente puro, portanto, as formas são perfeitamente puras.
> A ignorância é perfeitamente pura, portanto, as formas são perfeitamente puras.
> O ciúme é perfeitamente puro, portanto, as formas são perfeitamente puras.
> O que há de errado é perfeitamente puro, portanto, as formas são perfeitamente puras.
> As dúvidas são perfeitamente puras, portanto, as formas são perfeitamente puras.

Desse modo, o Buda ensinou extensamente sobre a pureza perfeita.

A razão que levou Nagarjuna a compor este capítulo foi que certas pessoas disseram: "O samsara existe porque existem os erros que o produzem. As aflições mentais fazem com que os seres sencientes acumulem carma e o resultado é o nascimento contínuo no samsara". Para ajudá-los a superar essa convicção confusa a respeito da realidade do samsara, Nagarjuna teve de apresentar uma análise desses erros que dão origem ao samsara, ou seja, conceitos errados sobre a realidade, as aflições mentais que aparecem devido a esses conceitos e as ações cármicas motivadas pelas aflições mentais. Nagarjuna teve de demonstrar que nada disso existe verdadeiramente.

Em geral, a tendência é acreditar que se enganar e não se enganar, estar certo e estar errado são coisas reais. As pessoas entendem o certo e o errado como opostos que realmente existem. Se não formos capazes de reverter essa tendência de achar que o certo e o errado existem realmente, é impossível perceber a natureza do vazio. Por isso é tão importante analisar esses enganos e determinar sua verdadeira natureza.

Às vezes, as pessoas também podem ter a seguinte impressão: "Eu não entendo nada dessas coisas e o meu parecer é todo errado. Todas as minhas deduções são erradas, tenho esses pensamentos ruins e muitas dúvidas. Eu nunca vou atingir a iluminação". E assim, elas desanimam. Em outras situações, as pessoas dizem: "Olhe aquele sujeito! Sua conduta é completamente errada". Essa ideia é em si mesmo errada, pois como podemos ter certeza do que se passa na cabeça de outra pessoa? Para alterar essa tendência que nos desanima e que encontra defeito nos outros, é importante examinar a verdadeira natureza desses erros.

Colocando isso em verso, temos:

> Para não nos intimidar com nossos próprios
>   pensamentos e
> Para não julgar os pensamentos dos outros
>   incorretamente,
> Examinemos a verdadeira natureza do que é errado.

Vamos começar examinando as aflições mentais que aparecem como resultado de pensarmos equivocadamente e que nos levam a agir de modo errado. As principais aflições mentais são: desejo, apego, aversão e ignorância. O objeto de referência do desejo, o seu foco, é algo que consideramos agradável. O da aversão é algo que achamos desagradável e o da ignorância é um erro, um ponto de vista incorreto. Por isso, o que precisa ser examinado são esses três objetos: os que são considerados agradáveis, desagradáveis e errados.

Na verdade, quando examinamos esses objetos, não encontramos nada. Qualquer que seja o objeto analisado, descobrimos que sua existência é meramente imputada e depende de suas partes. Quando analisamos essas partes em si, descobrimos que elas também são imputadas e, por sua vez, dependem de suas partes. Nada, nem mesmo a menor partícula imaginável, possui algum tipo de existência, a não ser como uma imputação meramente dependente. Por isso, como não existe nenhum objeto, nenhum ponto de referência para essas noções de agradável ou desagradável, eles em si não existem. É isso que Nagarjuna ensina no nono verso:

> Como é possível para os
> Seres sencientes, que são como ilusões,
> Ou objetos, que são como reflexos,
> Serem agradáveis ou desagradáveis?

Colocando isso no contexto de um raciocínio lógico, temos: o agradável e o desagradável não existem de verdade, porque os fundamentos das respectivas noções de agradável e desagradável são indivíduos e objetos que, em si mesmos, são natureza do vazio-aparência, como ilusões e reflexos. Se não existe uma base de suporte que possua essas qualidades, então, como é possível que essas qualidades realmente existam? É impossível.

Outra maneira de analisar é observar a própria noção de agradável e desagradável. Eles só poderiam existir se fossem independentes um do outro. Entretanto, o que é agradável não existe inerentemente sem uma noção do que é desagradável, pois não teria um ponto de referência. O agradável não possui um ponto de referência sem o desagradável. Da mesma forma, o desagradável não pode existir na ausência do que é agradável, pois ele não teria um ponto de referência. É impossível pensar em algo desagradável sem também ter noção do que o agradável significa. Dessa forma, para existir, o que é agradável depende do que é desagradável, mas o desagradável em si depende do que é agradável. Por isso, na realidade, como Nagarjuna ensinou começando com o décimo verso, nenhum deles existe:

> Imaginamos algo como sendo agradável
> Fundamentados na noção do que é desagradável.
> Mas o desagradável também não existe independente
>   do agradável.
> Portanto, é impossível que o agradável realmente
>   exista.

O agradável não existe verdadeiramente porque o conceito de desagradável do qual ele depende, por sua vez, depende do agradável. Aquilo em si de que o agradável depende a fim de existir teria de depender do próprio agradável. Por isso, ele não é real. O 11º verso demonstra a falta de existência inerente do que é desagradável:

> Imaginamos algo como sendo desagradável
> Fundamentados na noção do que é agradável.
> Mas o agradável também não existe independente
>   do desagradável.
> Portanto, é impossível que o desagradável
>   realmente exista.

O que é desagradável não possui uma natureza em si porque o conceito de agradável do qual ele depende, por sua vez, depende dele. Por isso, a mesma coisa da qual o desagradável depende, na verdade, depende dele. E, assim, o desagradável também não é real.

Limpo e sujo podem ser examinados da mesma maneira. O que é sujo só existe na dependência do que é limpo. Dessa forma eles só existem de forma interdependente e, portanto, não existem verdadeiramente. Se algo depende de alguma outra coisa, mas essa outra coisa depende da primeira, então, nenhuma delas existe de verdade. É exatamente isso que acontece com o que é comprido e curto, quente e frio, bom e ruim, felicidade e infelicidade. Eles existem de maneira interdependente e, portanto, não existem de verdade.

No 12º verso, Nagarjuna descreve como, uma vez que nem o agradável nem o desagradável existem, as aflições emocionais do desejo e do apego que aparecem devido ao contato com o que é agradável e desagradável também não têm existência.[30]

> Já que o agradável não existe, como poderia existir
>   o desejo?
> Já que o desagradável não existe, como poderia
>   existir a aversão?

Formulando com um raciocínio lógico, temos: o desejo e a aversão não possuem existência inerente porque o seu ponto de referência, ou seja, o agradável e o desagradável, respectivamente, não existem de fato. Eles são equivalentes ao desejo e aversão que aparecem durante os sonhos. No 22º verso, o capítulo prossegue examinando o que normalmente chamamos de quatro enganos:

> Entretanto, se o indivíduo, aquilo que é puro,
> A permanência e a felicidade não existem,
> Então, seus opostos – a ausência do indivíduo,
>   o que é impuro,
> A impermanência e o sofrimento, também não
>   existem!

As quatro interpretações erradas são: considerar os cinco agregados, que são vazios e não constituem o indivíduo, como sendo o indivíduo. Contemplar o corpo impuro e considerá-lo puro. Observar o que aparece devido a causas e condições, que é impermanente, e acreditar que é permanente. E avaliar o samsara, que é da natureza do sofrimento, e afirmar que em algumas partes ele é a felicidade. Seus opostos — a ausência do indivíduo, daquilo que é impuro, da impermanência e do sofrimento — chamam-se as quatro certezas corretas.

Porém, quando Nagarjuna os analisa, ele descobre que nem os erros nem as certezas existem verdadeiramente. Pois, se o indivíduo, o que é puro, a permanência e a felicidade existissem, os que acreditam nisso não estariam errados, estariam focando em coisas que existem e não haveria erro nenhum nisso. Por outro lado, se esses quatro não existem — e é por isso que são considerados errados — os seus opostos (a ausência do indivíduo, o impuro, a impermanência e o sofrimento) também não existem, pois falta um ponto de referência do qual eles dependem para existir. Se o indivíduo não existe, a ausência do indivíduo não pode existir, pois um depende do outro. Se o que é puro não existe, o que é impuro não pode existir, pois eles dependem um do outro. Se a permanência não existe, a impermanência não pode existir, pois eles existem de forma interdependente. Se a felicidade não existe, a infelicidade não pode existir, pois elas existem apenas em dependência uma da outra. Logo, como os objetos das "certezas" não existem, a concepção toda também não existe.

Portanto, devemos abandonar todos esses oito cenários. Se vamos pressupor que alguns deles são errados, temos de pressupor que todos também são errados. Essa é a visão insuperável do Caminho do Meio. Ela indica que o verdadeiro modo de ser da realidade transcende o indivíduo, a ausência do indivíduo, ambos e nenhum. Transcende o que é puro, impuro, ambos e nenhum. Transcende a permanência, a impermanência, ambas e nenhuma. E transcende a felicidade, o sofrimento, ambos e nenhum. A realidade genuína é assim.

É importante analisar a verdadeira natureza do que é errado. Se concluirmos com certeza que a realidade essencial transcende tanto os erros quanto as certezas, tanto o certo quanto o errado, percebemos que todos os fenômenos opostos são, na verdade, o modo de ser da igualdade. Permanecer nessa igualdade, livre de fabricações mentais, é a prática do equilíbrio meditativo. Prosseguir a partir disso e enxergar todos os opostos como natureza do vazio-aparência, como ilusório e como um sonho, é a prática pós-meditativa da presença plena.

CAPÍTULO 24

Uma Análise das Quatro Nobres Verdades

As quatro nobres verdades foram enfatizadas pelo Buda ao apresentar os ensinamentos que compõem o primeiro giro da roda do Darma. Elas introduzem um resumo básico do samsara e do nirvana, em termos de causas e resultados. A primeira delas, a verdade quanto ao sofrimento, descreve as condições que permeiam todos os aspectos e momentos da existência no samsara. A segunda, a verdade da origem do sofrimento, consiste nas aflições mentais e nas ações cármicas que são a causa do samsara. A terceira, a verdade da cessação do sofrimento no nirvana, é o estado de transcendência das misérias do samsara. E a quarta, a verdade do caminho, compreende os ensinamentos e práticas que conduzem à verdade da cessação e são a maneira de se libertar do samsara.

Entretanto, nos sutras do segundo giro da roda do Darma, o Buda ensinou:

> Manjushri, quando você entender que os fenômenos compostos não se efetivam, você entenderá em o que é o sofrimento.

Aqui, o Buda ensina que a melhor maneira de compreender a verdade do sofrimento é entender que os fenômenos compostos não se formam e, por isso, o sofrimento também não se forma. O sofrimento não acontece realmente – ele tem a essência da natureza do vazio, assim como as outras três nobres verdades. Examinar essas quatro verdades e nada encontrar, determinar que elas não existem, é a fase de pouca análise. Entender que sua essência vai além de todas as fabricações mentais é a fase de análise completa.

Certas pessoas não compreenderam isso e criticaram Nagarjuna, chamando-o de niilista: "Se sua explicação sobre o Caminho do Meio que refuta a natureza inerente de todas as coisas fosse válida", eles disseram, "não haveria as quatro nobres verdades, nem os três supremos e preciosos (Buda, Darma e Sanga), nem causas e resultados. Na verdade, não existiria nenhuma convenção ou expressão". Em outras palavras, eles compararam a natureza do vazio com a não existência total e absoluta. Nagarjuna compôs este capítulo para ajudá-los a superar esse conflito.

Ele responde a seus oponentes no 14º verso do capítulo:

> Se a natureza do vazio é possível,
> Então tudo é possível,
> Mas, se a natureza do vazio é impossível,
> Então nada mais é possível.

"Se a natureza do vazio é possível" significa "se a natureza do vazio é a verdadeira natureza de tudo" – mas o que isso quer dizer? Isso que dizer que nada existe de verdade, que tudo depende do encontro de causas e condições. O significado da natureza do vazio não é o nada total, mas sim a procedência interdependente. Natureza do vazio e criação interdependente têm o mesmo significado. Por isso, quando a natureza do vazio é possível, tudo é possível. As quatro nobres verdades, os três preciosos e supremos, e tudo o mais no samsara e no nirvana são completamente livres para acontecer, devido ao encontro de suas causas e condições. Entretanto, se elas não fossem vazias, se não ocorressem de forma interdependente, nada seria possível. Se existissem de verdade, elas nunca mudariam. Elas teriam sua própria natureza que não dependeria de causas e condições e, portanto, causas e resultados não existiriam. Nunca começaria ou acabaria nada. Não haveria a percepção ou a experiência. É por isso que as quatro nobres verdades, os três preciosos e supremos, e assim por diante, são possíveis, pois sua essência é a natureza do vazio. Se realmente existissem, eles não seriam possíveis. O 18º verso definitivamente ensina que natureza do vazio, criação interdependente e Caminho do Meio significam a mesma coisa:

> Explica-se que tudo que aparece de forma
>   interdependente
> Tem a natureza do vazio.
> Sua existência é atribuída a outra coisa,
> E essa é a trilha do Caminho do Meio.

Os ensinamentos do Caminho do Meio nos levam a perceber que tudo que aparece de maneira interdependente é, em essência, vazio. Nada tem existência inerente. Tudo é uma mera imputação que depende de alguma outra base. Por exemplo: vemos um conjunto de partes e denominamos "automóvel". Esse é simplesmente um nome, uma mera designação, sem nenhuma outra existência.[31] Essa é a compreensão da trajetória do Caminho do Meio, livre dos extremos da existência e da não existência, da permanência e da extinção, do realismo e do niilismo.

Dentre as 16 naturezas do vazio explicadas pelo glorioso Chandrakirti no texto *Entrando no Caminho do Meio*, "a natureza do vazio que vai além dos extremos" refere-se ao Caminho do Meio, à natureza do vazio e ao aparecimento interdependente. Os três possuem a qualidade de transcender os extremos. Mas eles também são vazios por natureza, e essa é a natureza do vazio que vai além dos extremos.

No 19º verso está escrito:

> Não existe um único fenômeno
> Que não seja criado de forma interdependente.
> E, assim, não existe um único fenômeno
> Que não seja vazio.

Esse verso descreve a união entre tudo que aparece de forma interdependente e a natureza do vazio. A natureza do vazio permeia todos os fenômenos que são dependentes e é através dela que a grande variedade de aparências interdependentes se manifesta. Como tudo que está incluído nas quatro nobres verdades ocorre de forma interdependente, essas quatro verdades são vazias. Como tudo no samsara e no nirvana ocorre da mesma maneira, tudo neles é vazio.

Como todas as coisas que aparecem durante um sonho são interdependentes, tudo no sonho é vazio.

Do mesmo modo, como todos os fenômenos internos e externos são meras aparências criadas de maneira interdependente, não existe sequer um deles, nem de dentro nem de fora, que não seja vazio.

Anteriormente, vimos que Milarepa também cantou sobre essa união entre a ocorrência interdependente e a natureza do vazio na *Canção do Significado Profundo e Definitivo Cantada nos Picos Nevados*:

> Quando tiver a certeza de que o resultado da
>   conduta é luz luminosa,
> E tiver a certeza de que a interdependência é a
>   natureza do vazio,
> O autor e a ação refinados até desaparecerem –
> Essa forma de lidar com a conduta funciona
>   muito bem!

Portanto, vemos que as conclusões a que o nobre Nagarjuna chegou por meio da análise lógica e as que Milarepa, o senhor dos iogues, percebeu com a sabedoria da meditação são exatamente as mesmas. Isso nos ajuda a ter certeza sobre os ensinamentos desses dois grandes mestres.

CAPÍTULO 25

Uma Análise do Nirvana

O Buda ensinou nos *Sutras do Prajnaparamita*:

O nirvana também é como um sonho.

Nagarjuna compôs este capítulo como resposta à seguinte pergunta: "Se tudo é vazio, como pode haver um nirvana, a 'transcendência do sofrimento'? Se as coisas que formam o samsara – os agregados, as aflições mentais e as ações cármicas – nem sequer existem inicialmente, como é possível transcendê-los? Há um nirvana de verdade e por isso também deve haver o samsara que ele transcende. Os agregados, as aflições mentais e as ações cármicas existem. A prova são os arhats que conseguiram a cessação disso tudo. Isso existe porque o nirvana que eles alcançaram existe". Então, para ajudá-los a reconsiderar o que há de errado em acreditar que as coisas existem verdadeiramente, Nagarjuna apresenta uma análise sobre o nirvana e prova que ele também é vazio, sem essência própria.

O Buda apresentou o nirvana de maneiras diferentes, de acordo com a necessidade do discípulo. Para aqueles que estavam cansados do sofrimento do samsara e até mesmo deprimidos, o Buda ensinou sobre o nirvana como se ele existisse. Ele o descreveu como a libertação autêntica e irreversível do samsara, a paz que é o final do sofrimento. Uma vez que tivessem esperança em uma maneira efetiva de se libertar da miséria do samsara, ela seria ardentemente almejada. Dessa forma, eles renunciavam ao samsara e se tornavam ávidos principiantes no caminho do Darma. Para os discípulos que tinham a ideia fixa na realidade do nirvana, porém, ele ensinou que, afinal de contas, o nirvana não existe inerentemente, que ele também é como um sonho. E, finalmente, para os discípulos mais aptos a entendê-lo, ele ensinou que a natureza verdadeira do nirvana, assim como a de qualquer outro fenômeno, não pode ser descrita como existente ou não existente, pois vai além do que é produzido pela mente.

Portanto, o que observamos em seguida são as etapas dos ensinamentos: primeiramente, é preciso explicar que o samsara é a realidade do sofrimento, porque, se permanecermos distraídos pela possibilidade de extrair alguma felicidade dessa existência, não nos lembraremos do Darma. Por isso, inicialmente, é preciso ensinar que tudo nesta existência é da natureza do samsara. Depois, quando essa ideia de que tudo ao nosso redor é a realidade do samsara se tornar realmente deprimente, o conceito de nirvana é introduzido e também a possibilidade de libertação desse sofrimento. O objetivo de conseguir a paz do nirvana alivia a tristeza e incentiva a prática do Darma.

Entretanto, ainda permanece a ideia de que o nirvana é algo real e, sem nos livrar disso, nunca chegaremos a ele. É por isso que se ensina que o nirvana não existe de verdade, que ele não possui realidade inerente. E, finalmente, o que sobra é um certo apego à não existência do nirvana, o que também é um obscurecimento da sabedoria. Para se livrar disso, ensina-se que a natureza do nirvana transcende tanto a existência quanto a não existência e que essa é a descrição final da verdadeira realidade.

Nagarjuna responde à crítica daqueles que acreditam que o nirvana existe de verdade. Por isso, ele começa com o segundo passo e demonstra que o nirvana é vazio de realidade inerente. Um dos métodos que ele usa é a seguinte pergunta: "Se o nirvana existe, ele existe antes ou depois do sofrimento samsárico que ele transcende? Qual deles vem primeiro?".

O nirvana não pode existir antes dos sofrimentos do samsara, porque, se assim fosse, que sofrimento ele transcenderia?

Nesse caso, não haveria sentido na definição de nirvana como transcendência do sofrimento.

O samsara também não pode existir antes do nirvana, porque a transcendência do sofrimento seria algo recém-criado, uma entidade fabricada, sujeita às mesmas deteriorações que as coisas recém-acontecidas. Chegar ao nirvana não garantiria a libertação permanente do samsara, pois ele entraria em declínio, assim como acontece com todas as coisas. O nirvana naturalmente presente não seria a natureza básica da realidade como o Buda descreveu.[32] Além disso, se o samsara existisse antes do nirvana, e o nirvana aparecesse depois que o samsara acabasse, o que haveria no intervalo entre os dois? O sofrimento do samsara pararia, em seguida haveria uma pausa que não seria nem samsara nem nirvana, depois o nirvana apareceria vindo desse nada sem uma causa.

O samsara e o nirvana também não podem existir simultaneamente, pelo mesmo motivo apresentado nos capítulos anteriores: a negação da possibilidade de que dois fenômenos dependentes possam realmente coexistir. E, ainda mais, se pensarmos nisso sob o ponto de vista da continuidade da existência de um indivíduo, como seria possível que o samsara e o nirvana estivessem presentes ao mesmo tempo no *continuum* da mente desse indivíduo? Seria impossível que ele sofresse e transcendesse o sofrimento simultaneamente.

Portanto, a natureza do vazio da existência inerente do nirvana fica determinada e comprovada através dessa lógica. Se perguntarem: "Mas, afinal, qual é a realidade do nirvana?". Nagarjuna a descreve no terceiro verso:

> Nada a ser abandonado, nada a ser atingido,
> Nada extinto, nada permanente,
> Sem cessação, sem ocorrência –
> É assim que se ensina como o nirvana é.

Para começar, não existem aflições mentais na essência inerente da realidade e, por isso, não há nada a ser abandonado. Não há nenhuma imperfeição que precise ser desfeita ou removida. Também não existem qualidades do nirvana que de alguma maneira não existam inicialmente e depois precisem ser criadas ou atingidas. E, ainda mais, o *continuum* dos agregados de um indivíduo não se extingue na ocasião do nirvana nem fica em um estado permanente, imutável. E, finalmente, nada que existe cessa, e nada que não existe começa. Essa é a realidade substancial, o darmata. É exatamente assim que se ensina como é o nirvana. Em resumo, é o darmadatu, a vastidão da realidade genuína, além do abandono ou da obtenção, da extinção e da permanência, do começo e do final. Esse é o nirvana natural, a verdadeira realidade da natureza, a essência de todos os fenômenos que acontecem infinitamente. Esse nirvana é diferente daquele a que se chega no momento da iluminação. Ali, até mesmo os obscurecimentos mais sutis são purificados e a percepção do nirvana natural torna-se completamente perfeita. Isso se chama "nirvana livre de máculas passageiras". Diz-se que no momento da iluminação o Buda é dotado de dois tipos de purezas: a pureza naturalmente presente e a pureza que é livre de máculas passageiras. Neste verso, o primeiro deles está sendo enfatizado.[33] O *Sutra do Coração da Sabedoria* ensina:

> Todos os fenômenos têm a natureza do vazio: não há características, não há nascimento, nem cessação; não há pureza, nem impureza; não há decréscimo nem acréscimo.

Esse trecho do sutra e o terceiro verso deste capítulo têm o mesmo significado. Além disso, o verso de Nagarjuna descreve como o nirvana é livre de todos os extremos e por isso ele é muito importante. Sem dúvida, seria muito bom decorá-lo. Na canção Oito Ornamentos do Significado Profundo, Milarepa canta:

> Esgotar os pensamentos
> Não é chegar à budeidade em uma única vida?

Isso também está em harmonia com o que Nagrajuna ensinou. O significado da percepção perfeita da realidade, além dos extremos, é que todos os conceitos sobre esses extremos cessam completamente. É assim que ela é descrita. Como inicialmente os pensamentos não têm natureza específica, eles também não cessam.

O 19º verso descreve como o samsara e o nirvana são efetivamente indiferenciáveis:

> O samsara não é nem um pouco diferente do nirvana.
> O nirvana não é nem um pouco diferente do samsara.

Do ponto de vista da análise do conhecimento exato da realidade genuína, uma vez refutada a verdadeira existência do nirvana, percebe-se que não existe um samsara que seja diferente do nirvana. E nem um nirvana com a menor diferença do samsara. Em resumo, em essência, eles são a igualdade. Isso se deve ao fato de ambos terem uma natureza que vai além de fabricações mentais sobre como ela é. E também porque os dois são inicialmente puros no seu verdadeiro modo de ser.

Como declarou o quinto Karmapa, Deshin Shekpa:

> Aquilo que é o samsara, também é o nirvana.

Portanto, não há diferença entre as coisas como elas são no samsara e no nirvana. Eles são iguais. Não há diferença entre eles na natureza intrínseca da realidade.

Nos sutras do Mahayana, o Buda ensinou sobre os dez tipos de igualdades – as dez maneiras pelas quais tudo é essencialmente o mesmo. O seu maior significado, o que eles indicam, é a igualdade do samsara e do nirvana.

É por esse motivo que o 20º verso explica:

> A natureza autêntica do nirvana
> É a natureza autêntica do samsara.

E entre eles
Não é possível a menor diferença.

A realidade essencial do samsara é a mesma do nirvana, e nessa realidade essencial não há a menor diferença entre eles. Eles são iguais.
O grande sidha Dombi Heruka cantou:

> A existência e a paz são iguais,
> Livres de todos os conceitos,
> Por isso, lutar e se esforçar para atingir algum
>   resultado –
> Ah, que cansativo!

> Corpo e mente, não dualidade –
> Transparência espaçosa e relaxante.
> Achar que eles são duas coisas diferentes
> É neurótico, louco e aflitivo!

> O eu e o outro não são dois no darmakaya,
> Apegar-se ao bom e ao ruim – tenho pena desses
>   tolos!

Estes versos ensinam a igualdade da existência samsárica e da paz nirvânica, a igualdade do corpo e da mente, do eu e do outro.
Podemos sonhar que estamos acorrentados e que, em seguida, somos libertados. Quando não sabemos que se trata de um sonho, essas duas situações parecem diferentes. Estar acorrentado é ruim e estar livre é bom: os dois parecem reais. Quando sabemos que estamos sonhando, entendemos que ambos são simples aparências. Na essência inerente da realidade, o cativeiro e a liberdade são iguais. Não existe a menor diferença entre a verdadeira natureza do cativeiro e da liberdade. É isso que temos de entender.
Portanto, a felicidade e o sofrimento são apenas maneiras pelas quais as coisas aparecem. A igualdade é o modo como

elas realmente são. Na canção de realização vajra *Os Oito Tipos de Não Dualidade*, Gyalwa Gotsangpa diz:

> Felicidade completa e conforto,
> Dor e sofrimento oprimentes
> Essas distinções não existem na vastidão inerente –
> Então, que alegria! Que júbilo! Que vitória
>   inesperada!

A igualdade do samsara e do nirvana é também parte integrante da visão do Dzogchen. Devido à sua própria experiência, em um de seus comentários, Ju Mipham Rinpoche descreve que devemos contar com os raciocínios de Nagarjuna para compreender essa visão:

> Na expansão infinita da igualdade sem um ponto de referência, todos os fenômenos do samsara e do nirvana são perfeitamente completos – essa é a visão do veículo profundo, o Dzogchen. Graças ao rei do raciocínio, o nobre Nagarjuna, a luz brilhante da sabedoria me iluminou, dissipando escuridão e dúvidas, dando origem a uma certeza profunda. Ema! A la la! Que maravilha! Que bem-aventurado!

Assim como é preciso contar com os raciocínios de Nagarjuna para perceber a essência do Dzogchen, o mesmo acontece com o Mahamudra. Os estudantes das universidades filosóficas no Tibete (as shedras) por muitos anos estudavam *A Sabedoria Fundamental do Caminho do Meio* e o texto de Chandrakirti *Entrando no Caminho do Meio*, assim como outros materiais semelhantes. Entretanto, o Mahamudra e o Dzogchen não eram ensinados, porque é nos textos do Caminho do Meio que se encontra uma grande quantidade de argumentos diferentes e raciocínios coerentes, o suficiente para dar continuidade a tais estudos de modo profundo e sutil.

Também nos ensinamentos sobre o Mahamudra encontram-se declarações como a do Karmapa Rangjung Dorje na *Prece de Aspiração ao Mahamudra:*

> Quanto à mente, ela não existe!
> A mente é vazia de qualquer essência.

Se tivermos confiança nas conclusões sobre a natureza vazia da essência da mente por meio de análises que refutam o aparecimento dos quatro extremos, assim como em outros raciocínios, nossa compreensão sobre o Mahamudra será profunda. Se não, ao recitar a frase anterior, ela não significará nada mais do que uma opinião ou uma suposição. O 11º verso da *Prece de Aspiração ao Mahamudra* diz:

> Não é existente – até mesmo o Vitorioso não o vê.
> Não é não existente – é o alicerce de todo o
>   samsara e o nirvana.
> Não é a contradição de serem ambos – é a união da
>   trajetória do Caminho do Meio.
> Possamos todos perceber a realidade essencial da
>   mente, livre de extremos.

Aqui, também é preciso compreender bem os raciocínios de Nagarjuna para entender a refutação dos extremos da existência e da não existência da mente. Por exemplo, o raciocínio subjacente ao verso do capítulo 22, "Uma Análise do Tatágata":

> Não se pode dizer que o Tatágata seja "vazio",
>   "não vazio", ambos ou nenhum deles.
> Use esses termos apenas como denominações
>   convencionais.[34]

Uma vez analisado com o raciocínio lógico, é impossível afirmar algo diferente a respeito da verdadeira natureza da realidade. Por outro lado, quando descrevemos as aparências convencionais é apropriado usar termos e designações.

Se estudarmos os raciocínios apresentados na *Sabedoria Fundamental do Caminho do Meio*, quando a natureza do vazio e a falta de realidade inerente apresentadas no Mahamudra e Dzogchen forem explicadas, já estaremos familiarizados com os ensinamentos e eles não serão nenhuma novidade. Mipham Rinpoche compôs um breve texto chamado *O Farol da Certeza*, no qual ele diz:

> Para ter certeza absoluta da pureza primordial,
> É preciso entender completamente a visão dos Consequencialistas.

A pureza primordial, inicial, alfa, é a visão do Dzogchen. Para aperfeiçoá-la, é preciso também aprimorar o entendimento do ponto de vista da escola do Caminho do Meio dos Consequencialistas. Isso significa que a visão da pureza primordial é igual à dos Consequencialistas.

CAPÍTULO 26

UMA ANÁLISE DOS DOZE ELOS DA EXISTÊNCIA

Nos sutras, o Buda ensinou:

> Aquilo que interdepende para se formar não inicia
> e, portanto, seu surgimento é interdependente.

Dessa forma, o Buda explicou que tudo o que aparece devido ao encontro de causas e condições não se forma exatamente. Por isso, sua procedência é interdependente, o que significa que sua manifestação é uma mera aparência. É importante lembrar da seguinte característica da procedência interdependente: quando algo aparece dependentemente, não acontece verdadeiramente. É como a lua d'água. Devido ao encontro de causas e condições, a lua aparece na superfície da água, mas, na verdade, a lua não está na água.

Existem diversas explicações para este capítulo ter sido escrito. Tanto o comentário intitulado *Completamente Destemido*[35] quanto o mestre Budapalita[36] dizem que os adeptos do Shravakayana fizeram a seguinte pergunta a Nagarjuna: "Você ensinou como entender a realidade genuína de acordo com a tradição Mahayana. Agora, por favor, nos ensine como entendê-la de acordo com a tradição Shravaka". Ou seja, nos primeiros vinte e cinco capítulos, Nagarjuna explicou como seguir o caminho do Mahayana, agora, os discípulos do Shravakayana pediam-lhe para ensinar de acordo com o caminho que eles haviam escolhido.

Bavaviveka[37] relata um outro argumento: "Nagarjuna, no início do texto você escreveu que 'o Buda não ensinou nenhum Darma a ninguém'.[38] Mas ele não ensinou sobre os 12 elos interdependentes que levam à existência?". Como resposta, Nagarjuna compôs este capítulo para explicar que o Buda verdadeiramente não deu nenhum ensinamento e, por isso, ele não ensinou que os 12 elos existem fundamentalmente, mas sim que eles não passam de aparências.

E, finalmente, Chandrakirti explica que havia os que diziam: "O samsara existe porque suas causas, os 12 elos da existência, existem. E o nirvana existe porque suas causas, o inverso desses 12 elos, existem. Além disso, se o samsara e o nirvana não fossem duas coisas diferentes, por que eles aparentam ser assim? Se a existência e a paz não fossem duas coisas diferentes, por que existem os termos existência e paz?". Nagarjuna, então, compôs este capítulo para explicar como os fenômenos não existem ao mesmo tempo em que aparecem, como eles apenas têm uma procedência interdependente.

Vários professores eruditos indianos compuseram inúmeros comentários sobre *A Sabedoria Fundamental do Caminho do Meio*. Entretanto, os quatro acima mencionados são os mais importantes. No Tibete, eruditos das quatro linhagens principais (Sakya, Gelug, Kagyü e Nyingma) escreveram seus comentários sobre o texto. Provavelmente, o mais extenso deles é o de Je Tsong-khapa,[39] *Vasto Comentário sobre a Sabedoria Fundamental do Caminho do Meio, Chamado "Oceano de Raciocínio"*, que ele compôs em uma caverna nos morros acima do monastério Sera.

Os 12 elos da existência são as fases pelas quais os seres sencientes passam continuamente, vida após vida, enquanto vagueiam sem repouso através dos três reinos elevados do samsara e os três reinos inferiores. Os primeiros nove versos deste capítulo descrevem os 12 elos do "desenvolvimento progressivo", como um elo da corrente samsárica leva ao próximo. Os últimos três versos descrevem a "progressão reversiva", o modo pelo qual aqueles que perceberam a insubstancialidade do eu são capazes de se desarraigar da causa dos 12 elos e, assim, libertar-se do samsara.

Para resumir o desenvolvimento progressivo dos 12 elos: o primeiro deles na corrente (e também a origem de todos os outros) é a *ignorância* a respeito do modo essencial da realidade. É ela que obscurece a mente e acredita que o ser do indivíduo existe realmente. Isso resulta em *ações cármicas* (2) virtuosas, não virtuosas e neutras. E, no final da vida, resulta no renascimento em um dos reinos superiores ou inferiores do samsara.

O renascimento no samsara começa quando a *consciência* (3) encontra seu lugar onde começar a próxima vida. Por exemplo, no caso do ser humano, é o ventre materno. Imediatamente após o ingresso no útero materno, durante o momento da concepção, a consciência une-se com a primeira fase do corpo material e assim começa o estágio de *nome e forma* (4). "Nome" refere-se aos quatro agregados mentais que não são fisicamente percebidos, ou seja, sensações, discernimentos, formações e consciências. "Forma" refere-se ao agregado do mesmo nome, o novo corpo físico do ser senciente.

Logo em seguida, as cinco faculdades dos sentidos e a faculdade mental se desenvolvem. Isso constitui a fase das seis *origens da consciência* (5) interna e possibilita a fase de *contato* (6) com os seis objetos – visão, audição, olfato, paladar, tato e fenômenos. O contato com diferentes objetos causa as *sensações* (7), sejam de prazer, aflição ou neutras, dependendo do que seja o objeto específico. Essas sensações dão origem ao *desejo* (8), que é a vontade de que o contato de prazer ocorra e de que o que é desagradável não ocorra. Quando esse desejo se intensifica, ele se torna *apego* (9), que tem quatro tipos específicos: apego aos prazeres sensoriais, ao que há de errado, de achar a própria conduta como sendo superior e de acreditar no indivíduo, continuamente imaginando o "eu" e "meu".

A intensidade do apego resulta em máculas nas ações cármicas de corpo, fala e mente. Isso se chama *existência* (10) e resulta novamente no *nascimento* (11) no samsara, seguido pela *velhice e morte* (12). Assim, o processo recomeça em um ciclo contínuo de sofrimento, descrito por Nagarjuna da seguinte maneira no oitavo e nono versos:

> "Existência" é a ação cármica atuada com os cinco agregados.
> A partir da existência vem o nascimento
> E, do nascimento,
> Velhice, morte, agonia, lamento, dor, infelicidade e perturbações que aparecem com certeza.
> Assim, a única coisa que nasce
> É um amontoado maciço de sofrimento.

Quando as ações cármicas são feitas com o corpo, a fala e a mente, o resultado é o nascimento futuro. Todos aqueles que nascem devem vivenciar a velhice e a agonia de se separar daquilo que causa prazer, uma agonia que se torna ainda mais intensa durante a morte. Miseravelmente, eles lamentam e lastimam o seu tormento. "Dor" refere-se ao mal físico vivenciado pelas cinco faculdades dos sentidos, enquanto "infelicidade" refere-se exclusivamente ao sofrimento mental. Ambos causam agitação contínua na mente. Por isso, a única coisa que nasce no samsara é um amontoado maciço de sofrimento.

Esse é o estado patético em que se encontram os seres sencientes. Entretanto, quando Nagarjuna diz que "a única coisa que nasce é um amontoado maciço de sofrimento", ele quer dizer que junto com o sofrimento não existe um ser de verdade que nasce. O sofrimento é que nasce e é uma mera aparência decorrente do encontro de causas e condições. Ele não é real, pois verdadeiramente não existe um ser que o experimenta. Se o sofrimento fosse real, nunca poderíamos nos livrar dele. Ele seria a nossa natureza permanente. Mas, como é apenas uma simples aparência, ele acaba quando não se criam mais as causas e condições que lhe dão origem. Como está explicado no décimo verso:

> A raiz do samsara é a ação cármica.
> Por isso, o sábio não a efetua.
> Assim, aqueles que cometem ações cármicas não são sensatos,

Mas não os sábios, pois eles reconhecem
a natureza exata.

Aqueles que são dotados da sabedoria que percebe a insubstancialidade do eu, que é exatamente a natureza da realidade, não cometem ações cármicas corrompidas, pois elas são as causas do renascimento samsárico. Eles são capazes de deixar de executar essas ações não só porque decidem fazê-lo, mas por terem completamente exterminado a ignorância que é a sua causa. Como explica o 11º verso:

Quando a ignorância acaba,
As ações cármicas acabam.
A cessação da ignorância
É o resultado de meditar com conhecimento da
    natureza exata da realidade.

Quando acaba a ignorância a respeito da insubstancialidade do ser, começa a progressão reversiva dos 12 elos. Como a ignorância é a raiz dos 11 elos seguintes, quando ela acaba, acaba o samsara, para sempre. Esse processo maravilhoso é resumido no último verso, o 12º:

Quando acabam os primeiros elos,
Os últimos não acontecem
E aquilo que é apenas um amontoado de sofrimento
Acaba completamente.

Assim, apesar de tudo, a história tem um final feliz! Próximo do final dos primeiros 25 capítulos do texto, Nagarjuna refutou com sucesso todas as alegações dos adeptos do Shravakayana que defendiam que as coisas existem de verdade. Nesse ponto, depois do descrédito de seus argumentos, vários deles se entusiasmaram com os ensinamentos sobre a natureza do vazio e ingressaram no caminho do Mahayana.

Mas outros não o fizeram e permaneceram cabisbaixos. Percebendo isso, Nagarjuna explicou o desenvolvimento progressivo e reversivo dos 12 elos da existência de acordo com a tradição deles. Isso os alegrou muito e também os preparou melhor para entender que a apresentação do Mahayana sobre a natureza do vazio é extraordinária.

CAPÍTULO 27

Uma Análise das Interpretações

Nos sutras, o Buda ensinou:

> Aqueles que enxergam a procedência
> interdependente como ela é não irão aderir
> às ideias de passado, presente ou futuro.

É possível aceitar uma das diversas ideias que existem a respeito do indivíduo e do universo que ele habita. Por exemplo, algumas delas estabelecem que o indivíduo e o universo sempre existiram, outras afirmam que em algum ponto no passado eles não existiam. Que eles sempre existirão no futuro ou que em algum determinado ponto eles não continuarão. E, finalmente, que eles existem agora ou que não existem agora.

Entretanto, aqueles que enxergam a procedência interdependente como ela é não aderem a nenhuma dessas ideias. Eles sabem que a natureza autêntica do indivíduo e do universo transcende todas as noções de existência e de não existência. Sabem que, quando as coisas aparentam existir ou não, isso é apenas mera aparência manifestada devido ao encontro de causas e condições, sem a menor natureza intrínseca. É esse o significado do que foi citado pelo Buda no prefácio deste capítulo. Aqui, Nagarjuna prova a validade desse ensinamento com o raciocínio lógico.

Aqui também existem explicações diferentes para as razões pelas quais este capítulo foi escrito. Tanto o comentário

Completamente Destemido quanto Budapalita afirmam que os discípulos do Shravakayana pediram a Nagarjuna: "Por favor, explique-nos por que todas as diferentes permutações desses cenários também são impossíveis sob o ponto de vista dos sutras do Shravakayana". Para atender a esse pedido, ele compôs este capítulo.

Bavaviveka escreveu que havia o seguinte argumento: "Os cinco agregados existem, pois eles são o suporte no qual as opiniões se sustentam". Nagarjuna escreveu este capítulo para explicar por que nem essas opiniões existem.

E, finalmente, Chandrakirti afirma que Nagarjuna o compôs para responder à seguinte pergunta: "O Buda ensinou: 'aqueles que enxergam a procedência interdependente nunca acreditarão em um período de tempo inicial ou posterior'. O que são esses períodos de tempo e como abandonar a opinião de que eles existem?".

Por meio da análise sobre a natureza autêntica do ser e do universo, concluímos que nenhum desses pontos de vista que defendem que eles são permanentes, impermanentes, finitos ou infinitos são corretos. Como Nagarjuna ensinou no 22º verso:

> O *continuum* dos agregados
> É como o *continuum* da chama de uma vela.
> Por isso, dizer que os agregados são finitos é incoerente
> E dizer que eles são infinitos é incoerente.

Os indivíduos são compostos pelos cinco agregados. O *continuum* desses cinco agregados que se estende através do curso de inúmeras vidas passadas e futuras é como o *continuum* da chama de uma vela.

Portanto, não pode ser descrito como finito ou infinito. Como a chama da vela, os agregados passados se acabaram, o que elimina a possibilidade de que algo dentro deles tenha uma duração infinita. Entretanto, como os momentos futuros dos agregados infalivelmente ocorrem, isso elimina a possibilidade de eles serem finitos, de terem um tempo limitado de existência.

Aqui também é útil considerar os agregados que aparecem durante um sonho. Eles não são nem finitos nem infinitos, pois são apenas meras aparências que surgem de forma interdependente.

O último verso do capítulo, o 29º, é um resumo de todas as refutações sobre os diversos pontos de vista que foram explicados até aqui:

> Já que tudo é vazio,
> Como alguém, em algum lugar, a qualquer hora,
> Pode achar que eles são permanentes ou algo mais?

O comentário sobre esse verso é o seguinte: "A natureza genuína da realidade transcende todas as fabricações mentais. Por isso, todas as coisas internas e externas têm procedência interdependente e vazia, como reflexos. Então, como alguém que saiba disso, em qualquer lugar, a qualquer hora, poderia acreditar que elas sejam permanentes ou qualquer outra coisa? Eles não achariam isso, porque sabem que tudo tem a natureza do vazio".

Não existe um motivo válido para que as ocorrências sejam consideradas como permanentes, impermanentes, finitas ou infinitas. Isso se deve ao fato de que todos os fenômenos têm procedência interdependente, como reflexos, e de que a natureza da realidade é a natureza do vazio que transcende as fabricações mentais. Os fenômenos têm a natureza do vazio, pois seu aspecto é mera aparência com procedência interdependente.

Este capítulo demonstrou que essas interpretações inferiores sobre a permanência, e assim por diante, não existem realmente e, devido a isso, aqueles que as sustentam também não existem. Dizer que algumas delas são inferiores depende da noção de que há outras melhores a serem adotadas. Por isso, essa é apenas uma apresentação sob o ângulo da realidade aparente e dos conceitos que a fabricam. Na natureza verdadeira da realidade não existem nem interpretações boas nem ruins. O samsara e o nirvana são da natureza perfeita da igualdade: eles são indiferenciados. Como Nagarjuna ensinou no capítulo 25, "Uma Análise do Nirvana":

> O samsara não é nem um pouco diferente do nirvana.
> O nirvana não é nem um pouco diferente do samsara.[40]

> A natureza autêntica do nirvana
> É a natureza autêntica do samsara
> E entre eles
> Não é possível a menor diferença.[41]

E, assim, as visões inferiores não existem e também ninguém que as mantenha. Essas coisas simplesmente não existem na realidade genuína. No seguinte verso do capítulo 7, "Uma Análise dos Compostos", Nagarjuna descreveu como tudo na realidade aparente é imaginado e designado:

> Como um sonho, como uma miragem,
> Como uma cidade de gandarvas,
> É assim que se ensina como é o nascimento,
>   a vida e a morte.[42]

Homenagem Final

Acolhendo-nos com sua extraordinária sabedoria
  e amor,
Você nos ensinou o Darma autêntico
Para nos ajudar a abandonar todos os critérios.
Eu me prostro a você, Gautama.

É com esta homenagem que Nagarjuna encerra o texto, prostrando-se ao Buda em gratidão à sua enorme bondade.

O comentário deste verso é o seguinte: "O Protetor dos Seres ensinou o Darma autêntico não porque desejava riquezas, respeito ou renome, mas devido à sua sabedoria completamente pura e sua grande compaixão imbuída de amor não referencial.[43]

Acolhendo junto ao seu coração todos os seres que vagueiam pelo samsara, ele ensinou o Darma autêntico para ajudá-los a abandonar todas as interpretações inferiores que se apegam a extremos errôneos. Seus ensinamentos levam à obtenção da sabedoria onisciente que não se encontra nem no extremo da existência nem da paz. Eles são o Prajnaparamita, os ensinamentos da procedência interdependente que dissolvem completamente todas as fabricações mentais. Você que ensinou dessa forma é o sábio chamado Gautama, o inigualável Leão dos Shakyas. Lembrando da sua enorme bondade e com profundo respeito, a você eu me prostro".

Assim termina *A Sabedoria Fundamental do Caminho do Meio*.

Apêndice I

Versos Raiz da Sabedoria Fundamental do Caminho do Meio[44]

Homenagem de Abertura

> Eu me prostro àquele
> Que ensina que tudo que surge de forma interdependente
> Sem surgimento, sem deterioração,
> Sem permanência, sem extinção,
> Não vem, não vai
> E nem é uma coisa nem várias coisas.
> Eu me prostro ao Buda perfeito, à autoridade suprema entre todos que se pronunciam,
> Àquele que dissolve completamente todas as elaborações e ensina a paz.

Capítulo 1: *Uma análise das condições causais*

> Nem de si, nem de outro,
> Nem de ambos e nem sem causa: as coisas não surgem
> Em nenhum lugar, em nenhuma hora. [1]

Capítulo 2: *Uma análise da vinda e da ida*

> No caminho que foi percorrido, não há nenhum movimento,
> No caminho que não foi percorrido, tampouco há movimento,

E, em algum outro lugar além do caminho que foi percorrido e
do caminho que não o foi,
Os movimentos não são de forma alguma perceptíveis. [1]

CAPÍTULO 3: *Uma análise das origens da consciência*

Saiba que esses raciocínios que refutam a faculdade que
enxerga,
Refutam as faculdades que escutam, cheiram, saboreiam,
tocam e também as faculdades mentais,
Refutam o ouvinte e as outras consciências que percebem,
Refutam sons e os outros objetos percebidos. [8]

CAPÍTULO 4: *Uma análise dos agregados*

Se não fosse pela causa da forma,
A forma não seria percebida.
Se não fosse pelo que chamamos de "forma",
A causa da forma também não apareceria. [1]

Sensações, discriminações, formações,
Mentes e todas as coisas que ocorrem
São sujeitas às mesmas etapas de análise
Pelas quais as formas aqui passaram. [7]

Quando a natureza do vazio aparece em um debate,
Todas as respostas que tentam provar a veracidade da
existência
São sem fundamento,
Pois elas são equivalentes à mesma tese a ser provada. [8]

Quando são dadas explicações sobre a natureza do vazio,
Quem tentar encontrar defeitos
Não encontrará nenhum,
Pois os defeitos são equivalentes à própria tese a ser provada. [9]

Capítulo 5: *Uma análise dos elementos*

O espaço não existe de modo algum
Antes das características que o definem.
Se o espaço existisse antes das características que o definem,
Ele existiria sem características definidoras. [1]

E, assim, o espaço não constitui algo e também não constitui o nada,
Não é uma base para as características, suas características definidoras não existem
E os outros cinco elementos são exatamente a mesma coisa. [7]

Aqueles de pouca inteligência
Enxergam as coisas como existentes ou não existentes.
Eles não enxergam que o que há para ser visto
É a paz total e perfeita. [8]

Capítulo 6: *Uma análise do desejo e daquele que deseja*

Se antes que o desejo existisse,
Se, antes de qualquer desejo, existisse alguém que deseja,
Como resultado, haveria de fato o desejo,
Pois, quando existe alguém que deseja, existe também o desejo. [1]

Capítulo 7: *Uma análise dos compostos*

A manifestação, a permanência e a cessação não existem
E, portanto, os compostos não existem.
Como as coisas compostas são totalmente inexistentes,
Como existiria qualquer coisa não composta? [33]

Como um sonho, como uma miragem,
Como uma cidade de gandarvas,
É assim que se ensina como é o nascimento, a vida e a morte. [34]

CAPÍTULO 8: *Uma análise dos agentes e das ações*

O agente existe em dependência de uma ação,
A ação existe em dependência de um agente,
E, além dessa relação,
Não há nenhuma razão para eles existirem. [12]

CAPÍTULO 9: *Uma análise do que vem primeiro*

Aquele que percebe não existe
Antes, durante ou depois da experiência de enxergar e assim por diante.
Sabendo disso, anulam-se todas as opiniões sobre a existência ou a não existência de uma pessoa que percebe. [12]

CAPÍTULO 10: *Uma análise do fogo e da lenha*

Se uma coisa existe em dependência de outra,
Mas, se esse algo do qual ela depende
Também depende dela,
Então, qual deles depende de qual? [10]

A lenha em si não é o fogo,
Não existe um fogo separado da lenha,
O fogo não possui a lenha,
O fogo não é o sustentáculo da lenha e a lenha não é o sustentáculo do fogo. [14]

Essa análise do fogo e da lenha
Refuta o ser e todas as cinco maneiras pelas quais ele se apropria dos agregados.

Da mesma forma, ao examinar vasos, cobertores e
   assim por diante,
Explica-se perfeitamente que nenhum deles existe de
   uma dessas cinco maneiras. [15]

Capítulo 11: *Uma análise do samsara*

Como um não pode acontecer antes do outro,
E eles não acontecem simultaneamente,
Então, por que achar
Que o nascimento e a morte existem realmente? [6]

Capítulo 12: *Uma análise do sofrimento*

Isso que não passa de sofrimento
Não vem de nenhum dos quatro extremos, e não só isso,
Todos os fenômenos externos também não têm uma origem
Em nenhum dos quatro extremos. [10]

Capítulo 13: *Uma análise do exato modo de ser da realidade*

Se houvesse a menor coisa que não fosse vazia,
Haveria tanta natureza do vazio quanto ela.
Contudo, como não existe tal coisa,
Como a natureza do vazio pode existir? [7]

Capítulo 14: *Uma análise do contato*

O objeto que é visto, o olho que enxerga e o observador –
Esses três não se agrupam,
Nem em pares nem todos juntos. [1]

O desejo, aquele que deseja e o objeto do desejo também
   não se agrupam.
Isso também não ocorre com nenhuma das outras aflições
Nem com as outras origens da consciência:

Esse trio não se reúne em pares nem todos juntos. [2]

Capítulo 15: *Uma análise dos eventos e da ausência de eventos*

Nas *Indispensáveis Instruções para Katyayana*,
Aquele que conhece tudo e a ausência de tudo,
O Conquistador Transcendente,
Refutou tanto a existência quanto a não existência. [7]

"Existência" é o parecer da permanência,
"Não existência" é o parecer da extinção,
Portanto, o sábio não sustenta
Nem a existência nem a não existência. [10]

Capítulo 16: *Uma análise do cativeiro e da liberdade*

Se alguém perguntar: "Os agregados transitam?"
Não, eles não fazem isso, porque agregados permanentes
    não transitam
E agregados impermanentes também não.
O mesmo se diz dos seres sencientes. [1]

Se o indivíduo realmente transitasse de uma existência à
    outra,
Então, entre elas não haveria nenhuma existência!
Sem uma existência e sem agregados próprios,
Que indivíduo estaria transitando? [3]

Não importa como aconteçam,
É insustentável que os agregados alcancem o nirvana.
Não importa como sejam,
É insustentável que os seres sencientes alcancem o nirvana. [4]

Os agregados, caracterizados pelo nascimento e
    pela decomposição,
Não são presos e não se libertam.

De modo semelhante, os seres sencientes
Não são presos e não se libertam. [5]

As aflições mentais, elas amarram?
Elas não amarram alguém que já esteja aflito,
E elas não amarram alguém que não esteja aflito,
Então, que oportunidade elas teriam de amarrar alguém? [6]

Não há um nirvana a ser produzido
Nem um samsara a ser superado.
Na realidade essencial, que samsara é esse?
O que pode ser chamado de nirvana? [10]

CAPÍTULO 17: *Uma análise das ações cármicas e seus resultados*

As aflições mentais, ações, corpos,
Assim como os que atuam e os resultados,
São como cidades de gandarvas,
Como miragens e como sonhos. [33]

CAPÍTULO 18: *Uma análise do ser e dos fenômenos*

Se o ser fosse os agregados,
Ele seria algo que acontece e acaba.
Se o ser fosse algo diferente dos agregados,
Ele não teria as características dos agregados. [1]

Se, inicialmente, não existe um "eu",
Como pode haver algo que me pertence?
Quando se descobre que "eu" e "meu" é paz,
Acaba-se o apego ao "eu" e "meu". [2]

Aqueles que não se apegam ao "eu" ou "meu"
Também não existem.
Esses que não se apegam ao "eu" ou "meu" enxergam
   corretamente,

Por isso eles não identificam uma entidade. [3]

Quando paramos de considerar os agregados internos e externos como "eu" ou "meu",
Tudo o que há de errado desaparece
E, uma vez que tenha sumido, acaba o nascimento na existência cíclica. [4]

Quando as ações cármicas e as aflições mentais terminam, isso é libertação. [5]

Inconcebível por analogia; paz;
Não produzido por pensamentos;
Não conceitual e livre de distinções –
Essas são as características da natureza exata. [9]

CAPÍTULO 19: *Uma análise do tempo*

Se o presente e o futuro dependessem do passado,
Eles existiriam no passado. [1]

CAPÍTULO 20: *Uma análise da coleção de eventos*

Se a causa e o resultado fossem um só,
Então, o produtor e o produto seriam o mesmo.
Se a causa e o resultado fossem diferentes,
Então, causas e não causas seriam equivalentes. [19]

CAPÍTULO 21: *Uma análise do que aparece e se deteriora*

O aparecimento e a deterioração
Racionalmente não podem ser o mesmo
E não podem ser diferentes. [10]

Quando deduzimos que enxergamos o que aparece e desaparece,
Apenas a confusão os enxerga. [11]

Capítulo 22: *Uma análise do Tatágata*

Não se pode dizer que o Tatágata seja "vazio", "não vazio", ambos ou nenhum deles.
Use esses termos apenas como denominações convencionais. [11]

Permanente, impermanente e assim por diante, os quatro –
Onde eles estão nessa paz?
Finito, infinito e assim por diante, os quatro –
Onde eles estão nessa paz? [12]

Qualquer que seja a natureza do Tatágata, também é a natureza do seres que vagueiam.
O Tatágata não possui natureza inerente;
Os seres que vagueiam não possuem natureza inerente. [16]

Capítulo 23: *Uma análise do que há de errado*

Como é possível para os
Seres sencientes, que são como ilusões,
Ou objetos, que são como reflexos,
Serem agradáveis ou desagradáveis? [9]

Imaginamos algo como sendo agradável
Fundamentados na noção do que é desagradável.
Mas o desagradável também não existe independente do agradável.
Portanto, é impossível que o agradável realmente exista. [10]

Imaginamos algo como sendo desagradável
Fundamentados na noção do que é agradável.
Mas o agradável também não existe independente do desagradável.

Portanto, é impossível que o desagradável realmente
exista. [11]

Já que o agradável não existe, como poderia existir o desejo?
Já que o desagradável não existe, como poderia existir a
aversão? [12]

Entretanto, se o indivíduo, aquilo que é puro,
A permanência e a felicidade não existem,
Então, seus opostos – a ausência do indivíduo, o que é
impuro,
A impermanência e o sofrimento, também não existem! [22]

Capítulo 24: *Uma análise das quatro nobres verdades*

Se a natureza do vazio é possível,
Então tudo é possível,
Mas, se a natureza do vazio é impossível,
Então nada mais é possível. [14]

Explica-se que tudo o que aparece de forma interdependente
Tem a natureza do vazio.
Sua existência é atribuída a outra coisa,
E essa é a trilha do Caminho do Meio. [18]

Não existe um único fenômeno
Que não seja criado de forma interdependente.
E, assim, não existe um único fenômeno
Que não seja vazio. [19]

Capítulo 25: *Uma análise do nirvana*

Nada a ser abandonado, nada a ser atingido,
Nada extinto, nada permanente,
Sem cessação, sem ocorrência –

É assim que se ensina como o nirvana é. [3]

O samsara não é nem um pouco diferente do nirvana.
O nirvana não é nem um pouco diferente do samsara. [19]

A natureza autêntica do nirvana
É a natureza autêntica do samsara
E entre eles
Não é possível a menor diferença. [20]

Capítulo 26: *Uma análise dos doze elos da existência*

"Existência" é a ação cármica atuada com os cinco agregados.
A partir da existência vem o nascimento
E, do nascimento,
Velhice, morte, agonia, lamento, dor, infelicidade e perturbações que aparecem com certeza.
Assim, a única coisa que nasce
É um amontoado maciço de sofrimento. [8-9]

A raiz do samsara é a ação cármica.
Por isso, o sábio não a efetua.
Assim, aqueles que cometem ações cármicas não são sensatos,
Mas não os sábios, pois eles reconhecem a natureza exata. [10]

Quando a ignorância acaba,
As ações cármicas acabam.
A cessação da ignorância
É o resultado de meditar com conhecimento da natureza exata da realidade. [11]

Quando acabam os primeiros elos,
Os últimos não acontecem

E aquilo que é apenas um amontoado de sofrimento
Acaba completamente. [12]

Capítulo 27: *Uma análise das interpretações*

O *continuum* dos agregados
É como o *continuum* da chama de uma vela.
Por isso, dizer que os agregados são finitos é incoerente
E dizer que eles são infinitos é incoerente. [22]

Já que tudo é vazio,
Como alguém, em algum lugar, a qualquer hora,
Pode achar que eles são permanentes ou algo mais? [29]

Homenagem Final

Acolhendo-nos com sua extraordinária sabedoria e amor,
Você nos ensinou o Darma autêntico
Para nos ajudar a abandonar todos os critérios.
Eu me prostro a você, Gautama.

Apêndice II

O Sutra do Coração da Sabedoria

Em sânscrito: *Bhagavati prajna paramita hridaya*.
Em tibetano: *Jom den dema sherab gyi parol tu chin pay nying po*.
Em português: *"Digna senhora, Conquistadora Transcendente, coração da sabedoria transcendente"*.

Reverência à digna senhora, Conquistadora Transcendente, coração da sabedoria transcendente.

Assim eu ouvi. Uma vez, o Conquistador Transcendente[45] encontrava-se em Rajagriha, no Pico do Abutre, juntamente com uma grande assembleia da sanga dos bikshus[46] e uma grande assembleia da sanga dos bodisatvas. Naquela ocasião, o Conquistador Transcendente entrou no samádi que exprime o darma chamado "Iluminação Profunda".

Ao mesmo tempo o nobre Avalokiteshvara, o bodisatva mahasatva, enquanto praticava a profunda sabedoria transcendente, percebeu claramente que os cinco agregados são vazios de natureza.

Então, por meio do poder do Buda, o venerável Shariputra perguntou ao nobre Avalokiteshvara, o bodisatva mahasatva: "Como deveriam treinar os filhos ou filhas de famílias nobres que desejassem praticar a profunda sabedoria transcendente?". Assim ele disse.

Desse modo, o nobre e poderoso Avalokiteshvara, o bodisatva mahasatva, respondeu ao venerável Shariputra:

"Shariputra, os filhos ou filhas de famílias nobres que desejassem praticar a profunda sabedoria transcendente deveriam ver assim: entender com clareza que os cinco agregados são vazios por natureza.

A forma é a natureza do vazio; a natureza do vazio também é forma. A natureza do vazio não é outra coisa senão forma; a forma não é outra coisa senão natureza do vazio. Da mesma maneira, sensação, discriminação, formação e consciência são a natureza do vazio.

Assim, Shariputra, todos os fenômenos têm a natureza do vazio. Não há características. Não há nascimento nem cessação. Não há pureza nem impureza. Não há decréscimo nem acréscimo.

Portanto, Shariputra, na natureza do vazio não há forma, nem sensação, nem discriminação, nem formação, nem consciência; nenhum olho, nem ouvido, nem nariz, nem língua, nem corpo, nem mente; nenhuma aparência, nem som, nem odor, nem sabor, nem tato, nem fenômeno; nenhuma faculdade latente do olho, nenhuma faculdade latente da mente, nenhuma faculdade latente da consciência mental e nada no meio deles; nenhuma ignorância, nem fim da ignorância, nenhuma velhice e morte, nem fim da velhice e morte e nada no meio deles.[47]

Da mesma maneira, não há nenhum sofrimento, nem origem do sofrimento, nem cessação do sofrimento, nem caminho, nem sabedoria, nem realização, nem não realização. Portanto, Shariputra, visto que os bodisatvas não obtêm realização, eles subsistem e permanecem na sabedoria transcendente. Como não existe obscuridade da mente, não há medo. Eles transcendem a falsidade e alcançam a transcendência completa do sofrimento. Todos os budas dos três tempos também se apoiam na sabedoria transcendente e assim despertam plenamente para a iluminação insuperável, verdadeira e completa.

Portanto, o mantra da sabedoria transcendente, o mantra da plena atenção intuitiva, o mantra insuperável, o mantra da igualdade, o mantra que aplaca todo sofrimento, deveria ser conhecido como verdade, pois não há engano. O mantra da sabedoria transcendente é assim proclamado:

**TE YA TA OM GA TE GA TE PA RA GA TE
PA RASAM GA TE BO DHI SVA HA**

É assim, Shariputra, que os bodisatvas mahasatvas deveriam treinar na profunda sabedoria transcendente."

Então, o Conquistador Transcendente levantou-se daquele samádi e louvou o nobre e poderoso Avalokiteshvara, o bodisatva mahasatva, dizendo: "Excelente, excelente; assim o é, ó, filho de família nobre, assim o é. Dever-se-ia praticar a sabedoria transcendente assim como ensinaste. Todos os tatágatas se regozijem".

Quando o Conquistador Transcendente disse isso, o venerável Shariputra, o nobre e poderoso Avalokiteshvara, o bodisatva mahasatva, toda a assembleia e o mundo com seus deuses, humanos, semideuses e gandarvas se regozijaram e louvaram as palavras do Conquistador Transcendente.

Assim termina o sutra Mahayana chamado *Digna Senhora, Conquistadora Transcendente, Coração da Sabedoria Transcendente.*

Apêndice III

As Vinte Naturezas do Vazio[48]
DO TEXTO *Entrando no Caminho do Meio*, DE CHANDRAKIRTI

Versos Introdutórios

Como é a insubstancialidade do eu que liberta os seres,
O Buda ensinou dois tipos: a insubstancialidade do
  indivíduo e a dos fenômenos.
Em seguida, para ajudar ainda mais aqueles que seriam
  subjugados,
O mestre ensinou outras classificações. [179]

Na extensa explicação sobre a natureza do vazio
Há 16 classificações.
Na explicação sucinta, o Buda as resumiu em quatro,
Que são esclarecidas nos ensinamentos do Mahayana. [180]

1. Natureza do vazio intrínseca

Como ele não possui natureza inerente,
O olho é vazio do olho.
Orelha, nariz, língua, corpo e mente
São todos considerados da mesma maneira. [181]

Eles não permanecem; eles não cessam.
Portanto, o olho e os demais que formam os seis internos
São coisas sem a menor natureza inerente.
Essa é a "natureza do vazio intrínseca". [182]

2. Natureza do vazio extrínseca

Como sua natureza é vazia,
As formas são vazias de formas.
Sons, odores, sabores, tatos
E fenômenos são exatamente o mesmo. [183]

Formas, e assim por diante, não possuem natureza
    inerente:
Isso é a "natureza do vazio extrínseca". [184ab]

3. Natureza do vazio intrínseca e extrínseca[49]

Por ambos não terem natureza inerente
Eles são a "natureza do vazio intrínseca e extrínseca".
[184cd]

4. Vazio da natureza do vazio

Os fenômenos não têm natureza inerente –
Os sábios chamam isso de "natureza do vazio".
Afirma-se que ela também
É vazia da essência da natureza do vazio. [185]

A natureza do vazio do que se chama "natureza do vazio"
É o "vazio da natureza do vazio".
O Buda assim ensinou a fim de neutralizar o apego
Da mente que acha que a natureza do vazio é um fato. [186]

5. Natureza do vazio da vastidão

Como tudo sem exceção é permeado por elas –
Todos os seres e o universo inteiro –
E como os incomensuráveis são um exemplo dessa
    infinidade,[50]
As direções são chamadas de "vastidão". [187]

A natureza do vazio dessas dez direções
É a "natureza do vazio da vastidão".
Ela foi ensinada para inverter
Nosso apego à vastidão como algo real. [188]

6. Natureza do vazio da realidade autêntica

Nirvana é o objetivo supremo,
Portanto, é a realidade autêntica.
O nirvana é vazio em si
E isso é a "natureza do vazio da realidade autêntica". [189]

Para neutralizar a tendência a considerar o nirvana como algo,
O Sábio da Realidade Autêntica
Ensinou a "natureza do vazio da realidade autêntica". [190]

7. Natureza do vazio dos compostos

Por aparecerem condicionalmente,
Os três reinos são "compostos", é como se ensina.
Eles são vazios em si,
E isso, o Buda determinou, é a "natureza do vazio dos compostos". [191]

8. Natureza do vazio dos não compostos

Quando o início, a permanência e o final não fazem parte das suas características,
Um fenômeno é "não composto".
Eles são vazios em si mesmos
E isso é a "natureza do vazio dos não compostos". [192]

9. Natureza do vazio do que se encontra além dos extremos[51]

Aquilo que não se adapta aos extremos

Chama-se "além dos extremos".
A natureza do vazio em si mesma
Significa a "natureza do vazio do que se encontra além dos extremos". [193]

10. Natureza do vazio do que não tem começo nem fim

Como não há um lugar onde começou
Nem uma ocasião em que acabará,
Samsara chama-se a "natureza do vazio do que não tem começo nem fim".
Sem vinda e ida, é como um sonho. [194]

A existência samsárica é isenta dela mesma –
Essa é a "natureza do vazio do que não tem começo nem fim".
Isto foi definitivamente ensinado por Nagarjuna em
Sabedoria Fundamental do Caminho do Meio. [195]

11. Natureza do vazio do que não deve ser abandonado

Abandonar algo significa
Jogá-lo fora ou se livrar dele.
O que não deve ser abandonado é
Aquilo de que nunca devemos nos afastar – o Mahayana. [196]

O que não deve ser abandonado
É vazio em si mesmo.
Como essa natureza do vazio é a sua natureza,
Ele se chama a "natureza do vazio do que não deve ser abandonado". [197]

12. Natureza do vazio da verdadeira natureza[52]

A própria essência do que é composto, e de tudo o mais,
Não foi criada pelos alunos[53], os budas solitários,
Os bodisatvas ou até mesmo pelos tatágatas.[198]

Por isso, a essência do que é composto, e assim por diante,
É esclarecida como sendo a verdadeira natureza dos fenômenos.
Em si ela é vazia –
Essa é a "natureza do vazio da verdadeira natureza". [199]

13. *Natureza do vazio de todos os fenômenos*[54]

As dezoito potencialidades, os seis tipos de contato
Com seus seis tipos de sensações,[55]
Tudo que tem forma e tudo que não tem forma,
O que é composto e o que é não composto –
É o que compõe todos os fenômenos. [200]

Todos esses fenômenos são vazios em si mesmos.
Isto é a "natureza do vazio de todos os fenômenos". [201ab]

14. *Natureza do vazio das características definidoras*[56]

A não existência de entidades, como a definição "adequada a
    uma determinada forma" e assim por diante,
É a natureza do vazio das características definidoras. [201cd]

Todos os fenômenos compostos e não compostos
Possuem suas próprias características individuais que os definem
E todas são vazias em si.
Esta é a "natureza do vazio das características definidoras". [215]

15. *Natureza do vazio do que é imperceptível*

O presente não permanece;
O passado e o futuro não existem.
Procuramos por eles em todos os lugares, mas não os encontramos,
Por isso, os três tempos são chamados de "imperceptíveis". [216]

O imperceptível é vazio, sem essência própria,
Ele não perdura, ele não para
E isso é a "natureza do vazio do imperceptível". [217]

16. Natureza do vazio de uma essência na não existência de tudo

Já que tudo aparece devido a causas e condições,
Tudo não passa de acumulações, sem uma essência.
A não existência desses acúmulos é em si vazia
E isso é a "natureza do vazio de uma essência na não existência de tudo". [218]

AS QUATRO NATUREZAS DO VAZIO[57]

1. Natureza do vazio das coisas

Em resumo, "coisas" refere-se a
Tudo que está incluído nos cinco agregados.
Elas são vazias em si mesmas
E isso é a "natureza do vazio das coisas". [219]

2. Natureza do vazio da ausência das coisas

Em resumo, "ausência das coisas" refere-se a
Todos os fenômenos não compostos.
Essas ausências em si são vazias
E isto é a "natureza do vazio da ausência das coisas". [220]

3. Natureza do vazio da verdadeira natureza[58]

A verdadeira natureza dos fenômenos não tem uma essência –
Isso é a "natureza do vazio da verdadeira natureza".
Chama-se de "verdadeira natureza"
Porque não foi criada por ninguém. [221]

4. Natureza do vazio da outra entidade[59]

Se os budas aparecem no mundo ou não aparecem,
A natureza do vazio natural de todas as entidades
É declarada como sendo
A "outra entidade". [222]

Outros nomes como "limite último da realidade genuína" e "o assim" –
São a "natureza do vazio da outra entidade".
Estas 20 naturezas do vazio foram amplamente ensinadas
Nos *Sutras da Sabedoria Transcendente*. [223]

Apêndice IV

Um Retrato Autêntico do Caminho do Meio
Uma canção de realização vajra do senhor dos iogues, MILAREPA

Do ponto de vista da verdade insuperável,
Não há nem budas, nem obstáculos,
Nem meditador, nem meditação,
Não há caminho a ser percorrido, nem níveis, nem sinais.
Nem resultado de kayas, nem sabedoria,
Portanto, tampouco há o nirvana,
Mas apenas designações feitas com palavras e nomes.

Tudo que é animado e inanimado – os três reinos,
Primordialmente nem nascem nem existem.
Carecem de fundamento e não coexistem.
Não existe o carma nem o seu amadurecimento,
Portanto, nem sequer o nome "samsara" existe.

Essa, a etapa final da realidade.
Mas como? Se os seres não existissem,
De onde vêm os budas dos três tempos?
Fruto sem causa é impossível!
Segundo as palavras do Sábio,
Do ponto de vista da verdade relativa,
Existe a roda do samsara e o nirvana além da aflição.

Então, o que aparenta existir
E sua não existência, a natureza do vazio,
São essencialmente inseparáveis, possuem um único sabor.

E, portanto, não há nem o conhecimento de si
Nem o conhecimento do que é o outro.

Tudo é vastidão e união.
E aqueles que entendem isso
Não veem a consciência, eles veem sabedoria.
Não veem os seres, eles veem um buda.
Não veem os fenômenos, mas sim a sua essência.
Disso, como uma joia que realiza todos os desejos,
Surge a compaixão, poder, destemor
E todas as qualidades próprias
Que um buda retém.
É isso que eu, o iogue, percebo.

Nagarjuna

(com Aryadeva à esquerda)

Breve biografia de Nagarjuna

Nagarjuna nasceu em uma família brâmane, cerca de quatrocentos anos após o nirvana do Buda, no sul da Índia, em Vidarbha, a Terra das Palmeiras. Nessa época, o budismo estava sendo levado para a China e outras regiões do leste asiático, cumprindo uma profecia atribuída ao Buda:

> Na região do sul, na Terra das Palmeiras,
> O monge *Shriman*, de grande renome,
> Conhecido pelo nome *'Naga'*,
> Destruirá as posições de existência e não existência.
> Tendo proclamado ao mundo meu veículo,
> O ótimo veículo insuperável,
> Ele realizará o solo da alegria abundante,
> E partirá para a terra da felicidade.

Seu nascimento foi profetizado em vários sutras, como o *Lankavatara-sutra*. Ao nascer, um médium predisse que ele viveria apenas sete dias, mas que, se seus pais fizessem oferendas para cem monges, ele poderia viver até sete anos de idade. Temendo por sua vida, aos sete anos, seus pais o enviaram à Universidade Monástica de Nalanda, no norte da Índia, onde ele conheceu o mestre budista Saraha, que disse que, se ele se tornasse um renunciante e recitasse o mantra de *Amitaba*, teria uma longa vida. Nagarjuna seguiu essas instruções e depois se juntou ao monastério, recebendo o nome de "*Shrimanta*".

Trajetória

Quando menino, Nagarjuna se destacou nos estudos, mostrando sinais iniciais de seu entendimento sagaz. Isto se refletiu em seus escritos posteriores e quando, mais tarde, Nagarjuna tornou-se abade de Nalanda. Ele repetidamente derrotou todos os seus adversários, tanto os hereges, que ridicularizaram a visão de Madhyamika, como Shankara, quanto os shravakas, que afirmaram a invalidez do Mahayana. Ele também compôs muitos tratados que elucidaram o Madhyamika e definiram um ponto de referência para toda a filosofia do Mahayana sobre verdades relativas e absolutas.

Uma vez, quando Nagarjuna estava ensinando o Prajnaparamita, seis nagas vieram e formaram um guarda-chuva sobre sua cabeça para protegê-lo do sol. A partir deste evento, ele recebeu o nome de Naga e, na iconografia associada a ele, Nagarjuna é frequentemente retratado sentado em meditação sob um dossel protetor de nagas, as serpentes associadas à sabedoria desperta. Por outro lado, sua habilidade em ensinar o Darma de forma extremamente direta foi comparada às flechas do famoso arqueiro Arjuna (o nome do herói no clássico hindu *Bhagavad Gita*), e assim ele ficou conhecido como "Nagarjuna".

De acordo com uma previsão de Arya Tara, Nagarjuna foi viver e ensinar no sul da Índia. Ali ele também compôs muitos tratados. Seus ensinamentos sobre o Vinaya foram iguais ao primeiro giro da roda do Darma do soberano Buda; seus ensinamentos sobre a natureza do vazio, ao segundo giro; e sua *Coleção de louvores* (como o *Louvor ao espaço absoluto*), ao terceiro giro.

Nagarjuna viajou mais tarde para a Ilha do Norte (o norte da Índia) para ensinar. No caminho, ele encontrou algumas crianças brincando na estrada. Ele profetizou que uma delas, um menino chamado Jetaka, se tornaria rei. Quando Nagarjuna voltou da Ilha do Norte, o menino havia crescido e de fato se tornado o rei de um grande reino no sul da Índia. Nagarjuna permaneceu com ele por três anos, ensinando-o, e passou seus últimos anos em outros lugares do reino, como Shri Parvata, a montanha sagrada com vista para o atual Nagarjunakonda. Nagarjuna escreveu para o rei *A Antologia Valiosa* (*Rin-chen 'phreng-ba*, skt. *Ratnavali*) e também *Carta a um Amigo* (*bShes-pa'i spring-yig*, skt. *Suhrllekha*).

Acharya Nagarjuna é uma das figuras mais importantes do budismo antigo, muitas vezes chamado de "Segundo Buda". Em Bodhgaya, ele ergueu pilares e paredes de pedra para proteger a árvore Bodhi e construiu 108 estupas. Do reino dos nagas, ele trouxe de volta as extensas escrituras do Prajnaparamita. Ele foi o pilar da vida para o Mahayana e foi, especialmente, um grande expoente do insuperável veículo do Vajrayana. Tendo alcançado a realização de Hayagriva, ele transmitiu a linhagem para Padmasambava. Nagarjuna foi uma voz de liderança no estabelecimento do budismo Mahayana, que enfatiza o voto do bodisatva de trabalhar pela iluminação e libertação do sofrimento de todos os seres e não apenas de si mesmo.

Sistema Filosófico

A principal conquista de Nagarjuna foi a sistematização e o aprofundamento do ensinamento apresentado no *Prajnaparamita-sutra*. Desenvolveu uma dialética especial baseada na redução e no absurdo das posições dos adversários. Partindo da premissa de que cada coisa existe apenas em virtude do seu oposto, ele mostrou que todas as coisas são apenas relativas e sem essência (*svabhavata*), que são vazias (*shunyata*). A abordagem metodológica de Nagarjuna de rejeitar todos os opostos é a base do Caminho do Meio de Madhyamika e está diretamente ligada ao ensinamento do Buda. Esta posição do Caminho do Meio é claramente expressa nas "oito negações": sem eliminação (*nirodha*), sem produção, sem destruição, sem eternidade, sem unidade, sem manifestação, sem chegada, sem partida.

Nagarjuna foi o primeiro da história do budismo a ter construído um "sistema" filosófico. Com este sistema, ele tentou provar a tese da irrealidade do mundo externo, um ponto que é apresentado no *Prajnaparamitra-sutra* como fato experiencial. Desta forma, ele lançou as bases para o Madhyamika. No entanto, seus ensinamentos exerceram uma influência considerável no desenvolvimento de outras escolas budistas. Nagarjuna tomou como seu ponto de partida a lei do surgimento condicionado (*pratitya-samutapada*) que para ele constitui a natureza básica do mundo. Ele vê isso como irreal e vazio, já que, por meio dele, o surgir, passar, a eternidade, mutabilidade, etc., não são possíveis.

Nagarjuna tenta mostrar a natureza do vazio do mundo por meio da relatividade dos opostos. Os opostos são mutuamente dependentes: um membro de um par de opostos só pode surgir por meio do outro. A partir disso, ele conclui que tais entidades não podem realmente existir, uma vez que a existência de uma pressupõe a existência da outra.

Uma noção central em suas provas é a da não essencialidade – as coisas do mundo dos fenômenos não possuem essência. Uma essência é eterna, imutável e independente de todas as outras essências, mas tudo no mundo da aparência surge e passa – tudo é da natureza do vazio.

Assim, para Nagarjuna a natureza do vazio significa a ausência de uma essência em tudo, mas não a sua inexistência como fenômeno. Por isso, é falso dizer que as coisas existem ou que elas não existem. A verdade está no meio, na natureza do vazio. O mundo dos fenômenos tem uma certa verdade, uma verdade no nível convencional (*samvriti-satya*), mas sem verdade definitiva (*paramartha-satya*). Do ponto de vista da verdade convencional, o mundo e também o ensino budista têm validade; do ponto de vista da verdade definitiva, tudo isso não existe, já que tudo é apenas aparência. Para Nagarjuna, o mundo fenomenal caracteriza-se pela coexistência (*prapancha*), que é a base de todas as representações mentais e, portanto, cria a aparência de um mundo externo. A realidade absoluta, por outro lado, é livre de todas as variedades múltiplas. A ausência de multiplicidade significa o nirvana. No nirvana, a variedade do mundo e a lei do surgimento condicionado são extintos por sua própria natureza.

O nirvana e o mundo fenomenal, tanto para Nagarjuna como para o *Prajnaparamitra-sutra*, são fundamentalmente idênticos. Eles são apenas duas formas de aparência da mesma realidade. O que constitui o mundo fenomenal no aspecto da condicionalidade e contingência é, no aspecto da não condicionalidade e da não contingência, o nirvana. Assim, para Nagarjuna, o nirvana não consiste em algo que pode ser alcançado, mas sim na realização da verdadeira natureza dos fenômenos, em que a multiplicidade pausa.

Copyright © Marpa Archives

Khenpo Tsültrim Gyamtso

Quando nasci, nasci sozinho.
Quando eu morrer, irei sozinho com certeza.
Sabendo disso, me deleito entre esses dois estágios
Em lugares de solidão, onde ando sozinho,
Buscando o caminho da liberação.

Dança da Grande Felicidade:
Uma biografia de Khenpo Tsültrim Gyamtso

por Dzogchen Ponlop Rinpoche

> Você incorpora as atividades dos vitoriosos dos três tempos
> E é a força e o aliado que corta a armadilha da existência cíclica.
> Ó, guirlanda de Karmapas que surgiram nos tempos,
> Senhores dos seres e único amigo daqueles que desejam a liberação,
> O coloco no topo da minha cabeça e lhe faço esta oferenda.
>
> Dançando a dança vajra da aparência do vazio,
> Você desliza no despreocupado céu da verdadeira natureza da realidade.
> Cantando canções vajra do som do vazio,
> Você clareia a escuridão das mentes dos afortunados.
> Sua mente, felicidade vajra do vazio,
> Invoca a energia da grande sabedoria –
> Iogue sem medo para quem todos os pensamentos são livres quando aparecem,
> Dechen Rangdrol, lhe suplico, apareça no centro do meu coração.

Khenchen Tsültrim Gyamtso, também conhecido como Dechen Rangdrol, é erudito dos sutras, tantras e todos os campos principais e secundários de conhecimento. A manifestação de sua realização em experiência e prática é perfeitamente completa. Ele é amplamente conhecido em todo o mundo, tanto no Oriente como no Ocidente. Um ser comum e ignorante como eu seria incapaz de escrever uma biografia adequada detalhando os grandes feitos deste guru, Vajradara, em seus níveis externo, interno e secreto. No entanto, não ousei recusar o comando do senhor dos vitoriosos, o glorioso Karmapa, Ogyen Drodul Trinley Dorje, que me pediu para compilar este volume. Além disso, em 1993, tive a sorte de transcrever a maior parte da autobiografia do guru Vajradara, que ele oralmente me ditou. Portanto, o que se segue será um relato da história da vida do guru no nível externo das aparências comuns.

A história será contada em sete seções, cada uma das quais aparece em sua grande autobiografia:

1. O nascimento neste mundo
2. Impermanência e mudança
3. Peregrinação a locais sagrados de retiro
4. As adversidades como apoio e a diligência na prática
5. Vagueando entre lugares isolados e cemitérios
6. Retornando ao propósito além das elaborações
7. Beneficiando os ensinamentos e os seres de forma diligente e de acordo com o comando do senhor Rangjung Rigpe Dorje.

O NASCIMENTO NESTE MUNDO

Rinpoche nasceu em 1935 (o ano tibetano feminino do porco de madeira do 16º ciclo) em uma área do Tibete conhecida como Gomde Nangchen.[60] A região recebeu esse nome porque, durante o tempo de Tishri Repa Karpo[61] e outros, os ensinamentos da linhagem de prática floresciam incrivelmente e os chefes de família, homens e mulheres, também se dedicaram à meditação e receberam profundas instruções de meditação. O local específico de seu nascimento foi uma área central de Nangchen chamada Traripu.[62] O pai de Rinpoche era Namgyal

Phuntsok, descendente do clã Gabu Drachung,[63] e sua mãe era Mani Wangmo. Ao nascer, recebeu o nome de Sherab Lodrö.[64] Aqui, a grande autobiografia instrui:

> Quando nasci, nasci sozinho.
> Quando eu morrer, irei sozinho com certeza.
> Sabendo disso, me deleito entre estes dois estágios,
> Em lugares de solidão, onde ando sozinho,
> Buscando o caminho da liberação.

IMPERMANÊNCIA E MUDANÇA

Os pais de Rinpoche tiveram sete filhos – cinco meninos e duas meninas – mas dois morreram ainda pequenos. Quando ele tinha dois anos, seu pai faleceu enquanto viajava a negócios. Essa perda deixou sua mãe muito angustiada. Ela e as crianças aparentemente sofreram intensamente durante cerca de um mês. No entanto, a própria experiência de Rinpoche foi diferente: ele conseguiu responder à tragédia ao usá-la como uma oportunidade para trazer todas as experiências agradáveis e desagradáveis para a prática do caminho. Em sua autobiografia, ele lembra:

> Como eu era muito pequeno na época, não tinha preconceitos sólidos sobre o que tinha acontecido. Por isso, lembro não ter experimentado nenhum sofrimento. Uma certeza firme surgiu em mim de que o sofrimento surge apenas dos pensamentos.

Cerca de um ano depois, a mãe de Rinpoche foi para um retiro muito isolado em um lindo lugar chamado a Gruta da Cascata[65], onde ela começou a praticar o "Nyung-ne de mil partes", um retiro de jejum. Rinpoche acompanhou sua mãe nesse momento. Uma noite durante o retiro, Rinpoche proferiu à sua mãe o nome de um de seus irmãos mais velhos, acrescentando: "Ele morreu". Mais tarde, determinou-se que ele realmente havia falecido naquele momento, depois de ter viajado para o Mosteiro de Ngor para receber os votos monásticos de mais completa ordenação. Este é um exemplo de como Rinpoche possuía as percepções mais elevadas de forma desimpedida desde uma idade muito precoce.

Outra qualidade incrível que Rinpoche possuía em sua juventude era a capacidade de recordar vidas anteriores, sobre a qual ele falou em sua autobiografia:

> Costuma-se dizer que algumas crianças se lembram de vidas passadas, além de possuírem outros poderes cognitivos, mas que estes são gradualmente esquecidos. Eu tive certeza disso por meio da minha própria experiência. [...] Além disso, às vezes eu via penhascos e cavernas e pensava comigo mesmo: "eu devo vir praticar aqui no futuro". Em outras ocasiões, se eu notasse um pedaço de terra de aparência agradável no topo de um penhasco, eu pensava: "mais tarde eu devo construir uma casa de retiro aqui". Eu tinha esses tipos de pensamentos com frequência. Parece-me que eles surgiam por causa do hábito imprimido no passado de meditar em cavernas ou porque eram sinais de que eu praticaria em retiros no futuro.

Assim, é evidente que Rinpoche era, desde a infância, um ser altamente evoluído que havia despertado muitas qualidades de seu potencial iluminado. Apesar disso, ele se comportou de vários diferentes modos a partir de uma perspectiva mundana: quando com seus amigos que gostavam do Darma, ele brincava de imitar a recitação das liturgias e, quando estava com os amigos traquinas, ele fazia o que eles faziam, jogando pedras em pássaros e assim por diante. Um dia ele acertou um pássaro pequeno com uma pedra e feriu-o fatalmente. Ele o segurou em suas mãos até o calor deixar seu pequeno corpo completamente. Vendo o que tinha feito a essa criatura e dominado pela compaixão, ele chorou. Em sua autobiografia, ele relata como, apesar desse evento, seus amigos mal-influenciados despertaram nele os padrões habituais de grande compaixão e promoveram sua dedicação à virtude:

> Acredito que, naquele momento, as tendências habituais provindas do cultivo da compaixão em vidas passadas despertaram em mim.

Peregrinação a locais sagrados de retiro

A autobiografia diz:

> Em geral, as pessoas de Kham gostam de peregrinar aos locais sagrados. Eu gostava de fazer peregrinações desde a minha infância.

Dessa forma, Rinpoche enfrentou muitas dificuldades para fazer duas peregrinações, em duas fases diferentes de sua vida, para os grandes locais sagrados do Tibete. Em sua primeira peregrinação, ele e sua irmã mais nova, Bukyi, foram com sua mãe em uma peregrinação por todo o Tibete.

Seguindo a tradição dos peregrinos tibetanos orientais, a família carregou enormes sacos de provisões, cobertores, e assim por diante, e partiu de Nangchen para o Tibete Central. Um dia, quando a família atravessava um caminho em uma montanha particularmente alta, Rinpoche ficou cansado e zangado e partiu sozinho, subindo a montanha em uma direção oposta, até chegar a uma certa distância de sua mãe e irmã.

Naquele momento, ele ouviu sua mãe e irmã gritando: "Está vindo um urso enorme! Volte aqui, rápido!". A força do medo que surgiu em Rinpoche naquele momento fez com que sua ira anterior desaparecesse completamente. A passos largos, ele rapidamente voltou à companhia da família. Na verdade, devido às vivas sensações de medo, ele até esqueceu que estava carregando um pacote pesado. A autobiografia diz:

> Quando voltei para minha mãe e minha irmã, tanto a raiva como o medo desapareceram e eu me senti alegre de novo. Embora eu então não o soubesse, agora, depois de reflexão cuidadosa, vejo que a raiva, o medo e mesmo a alegria, simplesmente dependiam dos meus pensamentos.

Podemos ver com isso que Rinpoche sabia aproveitar suas circunstâncias, trazendo suas emoções para o caminho e mudando-as para condições positivas. A peregrinação continuou em Kham e dirigiu-se ao norte para o Mosteiro de Jang Tana[66], a sede do protetor dos seres, Sangye Yelpa.[67] Lá, ele viu as estátuas maravilhosas de Gesar de Ling, sua esposa Drukmo e seus trinta cavaleiros. Ele fez aspirações na presença desses e outros objetos sagrados, raros e fontes de sabedoria, como lanças, flechas e espadas dos guerreiros de Ling. Seguindo através das áreas do sul do Tibete, como Chudo em Powo, Rinpoche visitou Kongpo Bönri, uma montanha tida como sagrada para a tradição de Bön. Depois disso, ele foi para Taklha Gampo, a sede do senhor do Darma, Gampopa, e também visitou locais sagrados que foram abençoados pelos Karmapas. Todos esses lugares ele visitou de modo a completar uma grande circum-ambulação no sentido horário.

Ele também visitou todos os locais sagrados da área de Yarlung, incluindo Yumbu Lakhar, o primeiro palácio de Nyatri Tsenpa, o primeiro rei do Tibete; Yarlung Sheldrak, uma caverna onde Guru Padmasambava praticou; e o Altar de Tara no templo de Tradruk.[68] Depois disso, Rinpoche visitou o Mosteiro de Samye, o "templo imutável que surgiu espontaneamente", construído devido ao encontro entre Padmasambava, o mestre de Uddiyana; Trisong Detsen, o rei do Darma; e Shantarakshita, o grande abade. Rinpoche fez oferendas ao templo principal e às construções ao redor, que são representações dos quatro continentes e subcontinentes.

De Samye, Rinpoche cruzou a montanha de Gökar e seguiu para Lhasa. Durante essa jornada, acabaram as provisões de comida que Rinpoche e sua família haviam trazido, então eles pediram esmola. Eles ganharam tsampa apenas o suficiente para o café da manhã, e a mãe de Rinpoche estava segurando esta tsampa em uma sacola. De repente, como que vindo do nada, apareceu um cachorrinho, que mordeu a sacola e esparramou toda a farinha no chão.

Rinpoche conta sua experiência em sua autobiografia:

> Eu não sabia como minha mãe ou irmã se sentiam, mas, quanto a mim, eu estava com fome e isso aconteceu exatamente quando estávamos prestes a comer. Eu estava terrivelmente chateado. Quando eu penso nisso agora, o sentimento que surgiu em mim naquele momento não era diferente do de uma pessoa rica que sofre a perda de todas as posses.

Ele também deu instruções de Darma relacionadas a este evento em forma de verso:

> Se você se apega aos prazeres da existência mundana,
> Se é um rei que perdeu seu reino
> Ou um mendigo que perdeu a comida, disso tenho certeza:
> O sofrimento mental que perdura é o mesmo. [...]
>
> Quando você reflete como o sofrimento do apego
> Não muda, mas permanece por muito tempo, mesmo tendo muitos prazeres,
> Você entenderá que o sofrimento dos pobres é momentâneo
> E sua compaixão por pessoas ricas que se apegam à existência como sendo verdadeira aumentará.

Rinpoche completou seu passeio por Lhasa, visitando os locais mais sagrados da cidade. De lá ele voltou para Kham indo do norte para o sul. Desta forma, todos os locais sagrados foram circundados em uma grande circum-ambulação no sentido horário. Ao descer do norte, ele teve uma experiência incomum, que ele descreve em sua autobiografia:

> Era como se estivesse sonhando, mas, ao mesmo tempo, eu realmente ouvi os sons de um urso, e era como se eu pudesse realmente sentir a presença dele e foi completamente aterrorizante. Quando eu examino essa experiência agora, posso ver que isso nada mais era do que uma aparição clara do aspecto da minha mente que tinha se habituado a temer. Posso ver com profunda certeza que o mesmo princípio se aplica às meditações sobre a ausência do ser, do vazio, de divindades e mandalas do Vajrayana: cultivando a familiaridade com elas, as aparências claras associadas a essas realidades aumentarão.

Rinpoche ofereceu esses versos de instrução:

> Ao se habituar ao medo e à raiva,
> Essas aparências claras realmente aumentarão.
> Ao ver isso, você pode mudar a situação:
> Por meio da habituação, pode-se definitivamente
>   desenvolver a aparência clara
> Do vazio, de deidades, de mandalas, e assim por
>   diante [...]

> Eles dizem que é difícil retribuir a bondade de nossos
>   pais,
> Mas é ainda mais difícil retribuir esta bondade
> Quando foram eles que nos introduziram ao Darma.
> Consciente disso, rezo para que todos os seres mães
>   alcancem o despertar.

Finalmente, Rinpoche voltou com segurança para sua terra natal. O senhor guru tinha dezessete anos quando realizou sua segunda peregrinação no Tibete e, desta vez, viajou junto com um de seus irmãos e uma de suas irmãs. Eles foram pela rota do "meio" em direção ao norte, finalmente chegando a Lhasa. A autobiografia diz:

> Quando inicialmente partimos, tivemos de levar muitas coisas conosco, incluindo comida, como carne, manteiga e tsampa, e roupas de cama. Isso tornou nossos sacos de viagem extremamente pesados. Então, experimentamos três estágios de sofrimento: no início, havia o sofrimento por ter as provisões pesadas, que eram difíceis de carregar. No meio, havia o sofrimento por saber que nossas provisões estavam acabando. E, finalmente, o sofrimento por não ter provisões. Dentre esses três, o sofrimento por ter uma carga cheia de provisões foi o pior, porque era duplo: as provisões eram pesadas para transportar, e havia uma constante preocupação em ser roubado por ladrões e bandidos ou em perdê-los de outra forma.

Ele ofereceu este verso de instrução:

> Kye Ma! Ao girar na existência da autofixação,
> Não há escolha senão confiar em alimentos e bens.
> Mas, vendo o sofrimento da acumulação e da perda,
> Um grande entusiasmo nasceu para o caminho do
>   iogue livre de ação, livre de fixação.

Rinpoche prosseguiu em sua peregrinação para Lhasa, visitando locais sagrados como Samye e fazendo oferendas e aspirações, como antes. Para ver os lugares onde o primeiro povo tibetano vivia, Rinpoche partiu para visitar as terras sagradas de Yarlung. Para chegar lá, ele teve de atravessar um pequeno afluente do rio

Brahmaputra em Tsethang. Quando chegou ao meio do rio, o nível da água aumentou drasticamente. De repente, Rinpoche encontrou-se à beira de ser completamente dominado pela água. Naquele momento, ele foi protegido diretamente pela yidam Arya Tara. Em sua autobiografia compartilha:

> Eu tinha grande fé na nobre Tara desde que era muito jovem e havia me engajado na prática de Tara há muito tempo. Lá, na água, todos os meus pensamentos dos três tempos cessaram, e rezei à Tara com fervor. Apesar de não saber nadar, quando me dei conta, eu havia atravessado direto para a outra margem do rio.

Ele cantou este verso de instrução:

> Após uma experiência de sofrimento difícil de suportar,
> Fiquei mais feliz e vivo do que nunca.
> A felicidade e o sofrimento mudam – eles são impermanentes.
> Não permita que o apego à permanência engane sua mente.

No dia seguinte, os três irmãos se encontraram em um mosteiro em Tsethang e, a partir daí, visitaram todos os locais sagrados de Yarlung. Mais uma vez, cruzando as passagens da montanha Khyak e Gökar e assim por diante, e usando a rota do norte, eles voltaram para casa com segurança.

Em suma, Rinpoche não adotou o estilo atual de grandes professores ou pessoas importantes que abordam a peregrinação como uma espécie de férias agradáveis. Em vez disso, Rinpoche seguiu os passos daqueles seres afortunados e com fé, passando por grandes dificuldades para praticar o Darma genuíno. Ele empreendeu a peregrinação como uma pessoa humilde e simples e, por meio de suas próprias experiências durante o caminho, reuniu as acumulações de mérito e sabedoria e purificou os obscurecimentos. Desta forma, ele desenvolveu experiências e realizações que lhe foram únicas. Mais tarde, Rinpoche sempre ofereceu seu apoio aos peregrinos simples da Índia e do Nepal para que eles pudessem praticar o Darma genuíno. Ele conhecia suas alegrias e tristezas intimamente e se deleitava em seus esforços.

As adversidades como apoio e a diligência na prática

Entre os oito e dezenove anos, Rinpoche confiou na nobre Tara como sua yidam principal e mergulhou nessa prática. Surgiram muitos sinais maravilhosos de sua realização, como sonhos em que uma mulher linda e atraente o protegia do medo. A partir disso, a prática contínua e constante do senhor guru passou a ser a da nobre Tara. Ele desvendou uma súplica a ela como um terma mental e também compôs outra canção de súplica à deidade, juntamente com uma canção de louvor que descreve como ela protege contra os oito medos e também contra os dezesseis tipos de medo. Ele criou uma dança vajra para acompanhar estas últimas orações, e seus discípulos até hoje seguem praticando essas canções e danças.

Quando Rinpoche tinha dezenove anos, ele foi atingido por uma doença grave. Na autobiografia, ele compartilha que esta foi a primeira vez que ele sentiu medo da morte, e lembra como passou a ver uma circunstância negativa – o desequilíbrio nos elementos produzidos pela doença – como um amigo espiritual:

> Esse medo que foi instigado pela impermanência me fez refletir mais profundamente sobre a própria impermanência. Isso me ajudou a entender que esforços centrados apenas em torno desta vida não têm um significado real. Continuamente, eu pensava: "Se eu não morrer por causa desta doença, vou realizar o Darma genuíno". Eu fazia promessas desta natureza repetidamente. A doença envolvia o inchaço do pescoço. Finalmente, pus

começou a jorrar do meu pescoço e me recuperei rapidamente da doença. Voltei ao meu estado anterior de boa saúde com uma firme convicção de praticar o Darma.

Ele ofereceu os seguintes versos como canções de instrução:

> Kye Ma! Repetidamente meditei sobre o sofrimento
> Dos três reinos do Samsara e sobre a impermanência
>   e a mudança.
> Esta experiência particular do sofrimento da
>   mudança
> Foi o primeiro guru a me encorajar em direção ao
>   Darma. [...]
> Atormentado pela condição adversa da doença,
> Sofrendo à beira da morte,
> Eu vi que somente o Darma genuíno pode
>   providenciar refúgio,
> E me inspirei a despertar pelo benefício dos outros.

Para praticar o Darma genuíno corretamente, Rinpoche sabia que precisaria confiar em um mestre, um amigo espiritual. Ele começou esta jornada viajando para Dzongsar em Dege, onde conheceu Jamyang Khyentse Chökyi Lodrö.[69] Dele, ele recebeu, em todos os seus estágios, a grande iniciação do glorioso Hevajra, a deidade principal da enaltecida tradição de Sakya. Da dupla transmissão da tradição do Caminho com Resultado – *Explicação Para a Assembleia* e *Explicação Para Discípulos* – Rinpoche recebeu a transmissão da *Explicação Para Discípulos*, juntamente com a transmissão direta e pessoal de seu simbolismo profundo. Ele também recebeu as práticas internas e externas de Virupa, as práticas internas e externas do *Caminho Profundo*, a prática de Vajraioguini de Naro Khechari, o *Compêndio de Sadanas* e outras transmissões.

Naquela época, Deshung Rinpoche[70], um mestre preparado e com realização que recebeu os ensinamentos da *Explicação para Discípulos* cinco vezes, serviu como Kyorpon (professor decano auxiliar) de Chökyi Lodrö Rinpoche. Com ele, Rinpoche aprendeu de forma completa os exercícios de ioga para os canais e os ventos (*rtsa rlung*) e também recebeu as transmissões de leitura das obras completas de *Os Cinco Ancestrais de Sakya*.[71] Na autobiografia, ele compartilha:

> Enquanto ele era Kyorpon, me ensinou a transmissão dos canais e dos ventos que existe na linhagem Kagyü e também contou histórias da vida de vários sidhas dessa linhagem. Desta forma, ao receber ensinamentos da linhagem Sakya, minha fé no Darma da linhagem Kagyü também aumentou.

Assim, Rinpoche recebeu de maneira excelente as iniciações amadurecidas e as instruções de liberação, e após isso ele retornou à sua terra natal.

O próximo mestre em quem Rinpoche confiou foi o venerável Lama Zöpa Tharchin.[72] Quando Rinpoche ouviu seu nome pela primeira vez e soube que era conhecido por habitar exclusivamente em cavernas e por ser um iogue sem ação, como Milarepa, livre de todo o apego a comida, riqueza e bens, Rinpoche sentiu fé e partiu para Khampe Dorje Drak.[73] A autobiografia diz:

> Quando conheci o guru, ele estava lendo a história da vida de Machik Labdrön[74] e estava exatamente na parte que conta como, quando Machik nasceu, ela levitou mais de trinta centímetros do solo e permaneceu na postura de dança, seus três olhos olhando para o espaço. Naquele momento, os olhos do guru se encontraram com os meus. O guru me disse que isso era uma coincidência auspiciosa.

Assim, de forma semelhante à que Milarepa encontrou Marpa pela primeira vez, as condições auspiciosas para o primeiro encontro entre guru e discípulo aconteceram de forma excelente.

O venerável Lama Zöpa Tharchin entrou pela primeira vez na vida monástica no glorioso Mosteiro Dilyak.[75] Mais tarde, ele completou o retiro tradicional intensivo de três anos. Ele também completou uma "peregrinação de prostração"[76] de Kham para Lhasa, uma peregrinação na qual experiências e realizações especiais se enraizaram em sua mente. A autobiografia diz:

> Uma vez, perguntei ao guru sobre sua experiência em completar uma peregrinação de prostração. Ele me disse que, no início, era muito difícil, já que cair contra o chão acidentado e de pedras era muito desagradável. No entanto, depois de se acostumar, segundo ele, não havia dificuldades. E, uma vez totalmente aclimatado, era como se o corpo tivesse alcançado todo o seu potencial de flexibilidade: o corpo se sentia agradável e leve, a mente, em seu novo estado flexível, livre de torpor e agitação, possuía grande clareza, disse ele. A clareza da mente aumentou a tal ponto que o guru sentiu que poderia estar à beira de alcançar os maiores poderes cognitivos. No entanto, relembrou as instruções profundas do seu guru repetidas vezes e, por meio disto, continuou em frente, sem qualquer apego ou ambição de alcançar um resultado.

Depois disso, Lama Zöpa Tharchin (Zöthar) serviu como mestre de rituais (Dorje Lopön) por três anos. Após a conclusão desses deveres, Lama Zöthar fez uma promessa de praticar concentradamente numa caverna do vale, sem ninguém. Fugindo do conforto de seus aposentos, ele viajou para Khampe Dorje Drak, uma caverna de prática a cerca de meio dia de viagem do Mosteiro de Dilyak. Neste local, Lama Zöthar atravessou várias dificuldades para praticar o Darma, abandonando toda preocupação com os prazeres dessa vida.

Foi deste guru, neste lugar, que Rinpoche recebeu as instruções sobre Mahamudra, o Símbolo Principal. Tendo cumprido as preliminares externas e comuns de Mahamudra, suas preliminares internas e incomuns, e suas quatro preliminares especiais, Rinpoche recebeu as explicações do caminho profundo de Mahamudra que atravessa todas as elaborações conceituais. Estas não eram apenas palestras baseadas em texto, mas sim profundas transmissões individuais de pessoa a pessoa, dadas como forma de instruções orais diretas e claras (*dmar khrid*).

Cerca de uma vez por semana, depois de ter completado um período de prática intensiva, Rinpoche apresentava sua experiência (*rtogs 'bul*) para o guru e recebia outras instruções e métodos para remover os obstáculos e melhorar a meditação. Desta forma, ele recebeu de maneira completa todos os métodos e instruções consagrados da linhagem Kagyü.

Lama Zöthar mencionava frequentemente a Rinpoche o nome de Drupön Tenzin Rinpoche[77] que, segundo ele, obtivera a transmissão dos seis Darmas de Naropa, o caminho do método.[78] Rinpoche desenvolveu assim o desejo de encontrar Drupön Tenzin Rinpoche e receber dele os ensinamentos dos seis Darmas.

Mas antes de completar este período de treinamento com Lama Zöthar, Rinpoche recebeu dele as transmissões para a prática profunda de Chöd (atravessando), bem como as instruções para as visualizações dessa prática e assim por diante, de modo direto e pessoal, sem depender de textos. Rinpoche então passou a praticar Chöd todas as noites, sem exceção.

De acordo com o comando de seu guru, Rinpoche seguiu para o Mosteiro de Dilyak para conhecer seu mestre de retiro, Lama Sangye Phuntsok. Naquela época, ele também conheceu Khenpo Tsegyam, que permaneceu junto com Lama Sangye Phuntsok no centro de retiros, e Karma Trinley Rinpoche que, junto com seu séquito, fez uma visita. Lama Sangye Rinpoche disse a Rinpoche e aos outros que, embora os Kagyüpas tenham forte tradição de prática, há poucos mestres Kagyü que conhecem bem o tópico da Cognição Válida (lógica e epistemologia budistas). No futuro, ele disse, seria de grande benefício para a linhagem Kagyü se os ensinamentos sobre a Cognição Válida fossem estudados com mais profundidade.

Lama Sangye Rinpoche instruiu Rinpoche a aprender os ensinamentos sobre a Cognição Válida dados por Khenpo Tsegyam. Ele também ofereceu uma iniciação de Manjushri – *O Leão do Discurso* – e assim deu início à tradição de estudar o tópico da Cognição Válida em centros de retiro.

Rinpoche mais tarde falaria sobre o impacto que o estudo da lógica e da epistemologia budistas teve em sua prática de meditação. Ele contou como o caminho dos argumentos lógicos ajudava nas práticas de meditação que ele havia recebido anteriormente com base em instruções essenciais, e como aumentava a confiança que ele tinha no caminho que anteriormente era fundamentada apenas na fé. Além disso, por meio das instruções orais de seu guru, ele havia previamente meditado sobre o altruísmo e a ausência de existência verdadeira; mais tarde, graças a seus estudos sobre Cognição Válida, sua certeza sobre o altruísmo e o vazio aumentaram ainda mais e outras experiências excelentes surgiram em sua mente. Desta forma, ele não só ganhou uma sensação de deleite em relação à Cognição Válida, mas sua inspiração em relação à prática também se intensificou.

Seguindo as instruções do mestre de retiro, Lama Sangye, Rinpoche estudou a Cognição Válida durante seu tempo em retiro. Rinpoche diria mais tarde que isso resultou em uma forma auspiciosa de serviço aos ensinamentos da linhagem de prática.

Mais uma vez, Rinpoche voltou a ficar com o venerável Lama Zöthar por alguns meses. Durante este tempo, o guru testou sua experiência sobre a inexprimível e verdadeira natureza da mente, e esclareceu dúvidas remanescentes. Rinpoche desenvolveu uma firme determinação de vaguear de caverna em caverna para ficar em retiro, sem se apegar a preferências pessoais, e repetidamente almejou que isso acontecesse.

Vagueando entre lugares isolados e cemitérios

De acordo com o comando do venerável Lama Zöpa Tharchin, Rinpoche foi para Lawa Drup Puk,[79] uma caverna localizada não muito longe de onde Rinpoche nasceu. Esta é conhecida como a caverna onde praticou o sidha Lawapa, que se diz ter milagrosamente voado até lá desde a Índia e se dedicado à prática meditativa. Nessa caverna muito isolada e agradavelmente situada, Rinpoche praticava principalmente a guru ioga de Padmasambava e lia a história da vida de Milarepa durante o dia, enquanto realizava diligentemente a prática de Chöd durante a noite. A autobiografia diz:

> Ao praticar sozinho em cavernas, é importante
> ler a história da vida de Milarepa e suas canções
> de realização repetidas vezes...
>
> Assim, pratiquei, sob o comando do meu guru,
> Na caverna vazia e isolada
> Abençoado pelo mahasida Lawapa.
> Agora, embora minha juventude tenha desaparecido,
>   meu deleite aumenta.

Esta foi a primeira experiência de prática solitária em uma caverna do meu guru.

Uma noite durante o mesmo retiro, Rinpoche sonhou que seu coração havia sido arrebatado por um corvo, que depois voou pelo caminho de um grande rio que fluía do oeste para o leste. Perto da caverna onde Rinpoche estava praticando, vivia um mestre chamado Lama Rabjor, que era famoso por seus poderes cognitivos superiores e sem impedimentos. Rinpoche foi falar com o Lama Rabjor[80] sobre seu sonho, e também sobre seu interesse em viajar para Tsurphu em geral. Em resposta, o lama deu a Rinpoche a iniciação de Vajrakilaya do ciclo *Sangtik*[81], juntamente com a profecia de que Rinpoche deveria ir ao Tibete Central.

Depois disso, Rinpoche praticou Vajrakilaya na caverna de retiro Lawa e também ofereceu festins ritualistas e fez aspirações. Em seguida, ele partiu para o Tibete Central. A autobiografia diz:

Com o anseio de conhecer o glorioso Karmapa, a encarnação da atividade iluminada de todos os vitoriosos, e com o anseio de receber de Drupön Tenzin Rinpoche as profundas instruções verbais dos seis Darmas, eu parti sozinho, como um homem sedento que procura água.

No caminho para o Tibete Central, Rinpoche parou em vários locais de peregrinação e fez aspirações de que os ensinamentos do Buda florescessem e expandissem e que todos os infinitos seres sencientes viessem a conhecer a felicidade e a alegria. Finalmente, ele chegou em boa saúde ao glorioso Tölung Tsurphu[82], o lugar que tinha sido abençoado por dezesseis Karmapas gloriosos, começando por Düsum Khyenpa. Tsurphu é considerado um supremo local sagrado da mente de Chakrasamvara. Em louvor a este lugar ele cantou esta canção vajra:

> *Namo*
> Três joias, três raízes e divindades infinitas,
> Tomo vocês como refúgio supremo a partir de
>   agora até a iluminação.
> Louvarei apenas uma parte das qualidades
> Deste lugar de Akanishta, um local sagrado da mente.
>
> Do senhor Düsum Khyenpa
> Até Rigpe Dorje, o refúgio sem devaneio,
> Este local supremo e glorioso da mente iluminada,
> Akanishta, foi abençoado sucessivamente por
>   dezesseis Karmapas.
>
> As rochas aqui podem parecer matéria sólida,
> Mas são meramente invenções dos pensamentos
>   dualistas:
> Na realidade, são aparência-vazio, uma mandala de
>   deidades.
> Quando essa certeza se torna estável,

Todos os que praticam aqui,
Sem esforço e sem exceção, aperfeiçoarão
As qualidades excelentes dos solos e dos caminhos
Do grande segredo, o Vajrayana –
Disto tenho certeza.

Todos os futuros Karmapas certamente
Também irão girar a roda do Darma neste lugar.
Portanto, que as ravinas entre as rochas
Se preencham de discípulos dos ensinamentos de
    Karmapa!
Como abelhas em um jardim de flores,
Que os homens e mulheres fiéis desse mundo
Passeiem por esses retiros isolados.
Que suas famas preencham o mundo
E os corações fiéis brilhem intensamente!

Rinpoche adicionou:

Refletindo sobre as excelentes qualidades deste lugar de Akanishta, um supremo local sagrado da mente iluminada, coloquei estas palavras em melodia e me apliquei com diligência no guru ioga do glorioso Karmapa.

Em Tsurphu, em um encontro de muitos fiéis, Rinpoche testemunhou o Karmapa realizando a cerimônia da preciosa Coroa Vajra, que liberta ao se ver. A autobiografia diz:

Mesmo naquela época, eu tinha uma firme convicção de que não é o chapéu que abençoa o Karmapa, é o Karmapa que abençoa o chapéu. Portanto, eu solicitei mentalmente as iniciações do corpo, da fala e da mente do guru e imaginei, com confiança, que recebi as concessões e bênçãos do corpo, fala e mente iluminados. Em geral, a preciosa cerimônia da Coroa Vajra que liberta ao se ver é uma coisa maravilhosa; mesmo assim é apenas um exemplo da sabedoria naturalmente manifestante do Karmapa. Eu tinha confiança que o verdadeiro "chapéu" da sabedoria sempre permanece inseparável das sucessivas reencarnações dos Karmapas, e apreciei a minha boa sorte em ter essa confiança. Eu sempre senti que esse chapéu exemplar é algo que ele exibe para aqueles discípulos que não conseguem ver o chapéu de sabedoria que naturalmente aparece nele e que o próprio Karmapa, independentemente da encarnação, é capaz de criar um chapéu dessa natureza exemplar.

Mais tarde, Rinpoche prosseguiu para o grande cemitério de Tsurphu, onde praticou o anverso e reverso da meditação sobre os doze elos de interdependência. Ele então visitou e meditou na caverna onde praticou o nono Karmapa, a caverna Kyimo[83], a caverna do senhor Repa Chenpo[84], e outros locais. Rinpoche se inspirou muito e solicitou as instruções de Mahamudra do glorioso senhor dos vitoriosos, o Karmapa Rangjung Rigpe Dorje. Ele solicitou uma audiência através de um atendente pessoal e foi imediatamente conduzido à presença do Karmapa. A autobiografia diz:

> "Como é a essência de sua mente?", ele me perguntou. Imediatamente minha mente ficou livre de pensamentos e, por um breve período, não consegui falar. Finalmente, eu respondi: "Quando analiso minha mente, não consigo encontrá-la, mas, quando ela está descansando, ela tem clareza". Ele riu e disse: "Sim, é isso. Todos os objetos são aparência-vazio inseparável. Todos os estados mentais são claridade-vazio inseparável. Todos os sentimentos são plenitude-vazio inseparável. É assim que eles verdadeiramente são – reconheça que são

assim". Por um momento, através da bênção do guru, minha mente mais uma vez ficou sem pensamentos e me sentei silenciosamente. Ele olhou para mim e, então, disse: "Pratique assim na caverna". Voltei à minha caverna de prática novamente, refletindo sobre o significado de suas palavras repetidamente. Obtive forte certeza de que, embora suas palavras fossem breves, possuíam um significado profundo e vasto. Ao contemplar estas profundas instruções verbais, desde quando as recebi até agora, compreendi que contêm os pontos essenciais e profundos da visão de todo sutra e tantra.

A autobiografia de Rinpoche continua a elucidar a intenção de sabedoria das três frases ditas pelo senhor dos vitoriosos durante a apresentação das instruções, em uma longa canção de realização.

Foi também durante esse período que Rinpoche conheceu Drupön Tenzin Rinpoche. Ao relatar algumas das histórias da vida de Drupön Tenzin, a autobiografia afirma:

> No início, ele completou o retiro de três anos no mosteiro de Dilyak. Depois disso, ele praticou por longos períodos de tempo em cavernas nos vales despovoados, como Yopkok. O venerável Lama Zöthar me contou várias vezes sobre vários sinais maravilhosos e milagrosos que surgiram na prática de Drupön Tenzin durante este período. Mais uma vez Drupön Tenzin voltou ao mosteiro de Dilyak, onde serviu como mestre de retiro (drupön, *sgrub dpon*). Dos muitos iogues livres de ação que ele guiou, um dos principais foi Lama Zöthar. Depois de completar seu serviço como mestre de retiro, Drupön Tenzin Rinpoche seguiu em peregrinação ao estilo de um iogue livre de ação, visitando todos os principais locais sagrados do Tibete, incluindo o Monte Kailash. Ele completou a peregrinação

chegando ao glorioso Tölung Tsurphu. O senhor dos vitoriosos, Karmapa, sabendo que Drupön Tenzin possuía as transmissões supremas de Mahamudra e dos seis Darmas, solicitou e recebeu dele as instruções verbais dos seis Darmas e outros ensinamentos. O Karmapa então pediu-lhe que residisse permanentemente em Tsurphu, e assim ele o fez. [...] Embora ele se encontrasse na rara posição de ser o professor que havia oferecido as instruções profundas dos seis Darmas ao senhor dos vitoriosos, o glorioso Karmapa, Rangjung Rigpe Dorje, ele evitou qualquer ar de grandeza e manteve o comportamento de um iogue livre de ação.

De Drupön Tenzin Rinpoche, à maneira de uma transmissão empírica, Rinpoche recebeu, de forma completa e perfeita, o profundo guia de instruções do caminho do método – os *Seis Darmas de Naropa*. Os seis Darmas são a essência dos gloriosos ensinamentos de Naropa na etapa de conclusão profunda da mais alta classe de tantra do mantra secreto. Esta também era a principal prática do senhor Milarepa. Depois de receber a transmissão, Rinpoche completou a prática das seis iogas com perfeição, praticando dia e noite sem interrupção, na caverna de Gyalwa Gangpa.

Em seguida, Rinpoche recebeu as instruções profundas para *Extrair Vitalidade do Espaço*[85] e as praticou na caverna do senhor Repa Chenpo. Quando Rinpoche estava em retiro, Drupön Tenzin lhe deu apoiou com grande bondade e amor. As duas irmãs de Drupön Tenzin, que moravam em Tsurphu, também atenderam Rinpoche como ajudantes de retiro, fornecendo as provisões necessárias e assim por diante.

Depois que Rinpoche praticou por mais algum tempo, ele contou sua experiência como uma oferenda a Drupön Tenzin Rinpoche, e os dois iniciaram um diálogo. Isto expandiu amplamente a visão de Rinpoche e reforçou sua fé, respeito e encanto pelo guru. Ele cantou esta música de alegria:

Por meio das instruções verbais do guru benevolente,
Que é inseparável de Vajradara,
Eu como a comida do espaço vazio;
Sento-me na cadeira do chão vazio.

Colocando minha confiança em penhascos e pedras,
Não preciso de travesseiros ou pijamas.
Pela bênção dos sidhas ancestrais,
Não me perturbo com pensamentos do passado
Nem penso em problemas do futuro.

Eu sei como descansar na mente luminosa deste
    momento,
Naturalmente estabelecida e relaxada.
Não há como restituir a bondade do guru,
Então, isso eu almejo:
Em todos os meus nascimentos e vidas,
Que eu possa cumprir perfeitamente as aspirações do
    guru,
Que eu possa beneficiar os seres e os ensinamentos
E que haja abundância em tudo que for auspicioso
Para que os dois benefícios se realizem!

De acordo com o comando de Drupön Tenzin Rinpoche, Rinpoche passou sete noites no cemitério de Tsurphu, que é dito ser de caráter idêntico ao cemitério de Sitavana.[86] Durante a noite, Rinpoche ficava secretamente submerso nas práticas de Chöd, na meditação analítica sobre os dois tipos de ausência no ser, nas iogas de bondade e compaixão e em outras meditações. Durante o dia, em sua caverna, ele se empenhava em ouvir, contemplar e meditar com base na história da vida de Machik Labdrön.

Depois de completar esse retiro, nas semanas consecutivas, seguindo o comando de seu guru, ele continuou no cemitério de Tsurphu, mas desta vez ele ficou perto de um grande rochedo no cemitério, onde montou uma tenda removendo a roupa de cadáveres e usando-as como lona, e amarrando estas lonas com a corda usada para amarrar os cadáveres. Deste modo, Rinpoche praticou dia e noite, sem interrupção, o genuíno Darma de Chöd, que atravessa a ilusão causada por Mara.

Ele cortou a raiz da autofixação, e sinais excelentes da experiência surgiram em sua mente. Ele também realizou a prática de ganachakra, do ponto de vista de uma conduta ióguica profunda. Devido a tudo isso, ele naturalmente veio a ser conhecido pelo povo local como "o homem do cemitério" ou "o lama do cemitério". Desta e outras formas, o legado de Rinpoche foi muito parecido com as histórias de vida dos sidhas de outrora.

Naquela época, um grupo de monjas do convento Jindo em Nyemo e Drolma Puk[87] chegaram a Tsurphu e encontraram Rinpoche pela primeira vez. Embora elas tenham convidado Rinpoche para ir a Nyemo, ele não aceitou o pedido. Algum tempo depois, com a permissão de Drupön Tenzin Rinpoche, Rinpoche decidiu realizar uma peregrinação à terra nobre da Índia. O primeiro lugar que visitou depois de sair de Tsurphu foi Nyemo, a mesma localização do convento Jindo. No entanto, ele não entrou no convento e, em vez disso, permaneceu por três dias no cemitério mais próximo.

Finalmente, depois que as monjas lhe suplicaram repetidamente para aceitá-las como alunas, ele concordou e foi ao convento, conferindo a elas os ensinamentos das preliminares para o Mahamudra, a sadana intitulada *Realizar o Reino da Grande Felicidade*[88] e outros Darmas.

Depois disso, Rinpoche viajou para as cavernas onde praticou Berotsana (o rei dos tradutores) e Kugom Chökyi Senge[89], um discípulo do coração de Machik Labdrön. Uma intensa fé surgiu na mente de Rinpoche e ele proferiu canções de súplica, como as seguintes:

> Eu suplico aos gurus da linhagem de Chöd,
> Eu suplico à Machik Lab kyi Drön,
> Eu suplico a Kugom Chökyi Senge:

Me abençoem para que meu apego às ações desta
vida,
As aparências equivocadas das tendências habituais,
Se revertam às suas profundezas.

Em seguida, ele cruzou a ponte de ferro construída pelo sidha Thangtong Gyalpo[90] e então praticou em uma grande casa abandonada em Jako, bem como em três cemitérios: o Nyangpo, o Khashor Shawari Gong e o Kargung. Nesses locais, Rinpoche buscava a cidadela na prática de Chöd. Muitas experiências angustiantes e milagrosas se seguiram. Rinpoche transformou tudo isso em auxílio que melhorou sua prática e tornou mais evidente o prajna que percebe a ausência do ser, a verdadeira natureza da realidade. À medida que aumentava a destreza de sua realização, ele dominava as aparências equivocadas. Depois disso, Rinpoche praticou em dois grandes locais sagrados de Yeshe Tsogyal: as cavernas de Jomo Kharak e Jomo Drösa.

Mais uma vez, ele voltou ao mosteiro de Jindo em Nyemo e fez seus últimos preparativos para ir à Índia. As monjas fizeram vários pedidos para acompanhar Rinpoche na jornada e ele, finalmente, deu a elas permissão para isto. Assim, durante a comemoração dos 2.500 anos da morte do Buda de acordo com as escolas de Teravada, Rinpoche e seu séquito viajaram para os quatro grandes locais sagrados[91] e outros locais de peregrinação. As monjas que viajaram com Rinpoche (agora bastante idosas) recentemente compartilharam muitos dos feitos milagrosos que ele manifestou durante essa peregrinação. Para não fazer o presente volume demasiado longo, não escreverei sobre eles aqui.

Rinpoche e seu grupo eventualmente retornaram de forma segura e em boa saúde a Nyemo. Em seguida, ele partiu sozinho novamente, fechando-se em um estrito e solitário retiro na caverna chamada Drolma Puk, um sítio sagrado abençoado pelo sidha Nyemowa.[92]

Em 1959, uma mudança de eras aconteceu no Tibete. Naquele ano, Rinpoche saiu do seu retiro e, com a ajuda das monjas que eram suas discípulas, viajou via Butão para a Índia, chegando lá como refugiado.

Retornando ao propósito além das elaborações

Durante os nove anos seguintes, em Buxa Duar, na Índia, Rinpoche mais uma vez mergulhou nos estudos da visão, com base no ouvir, contemplar e meditar sobre os ensinamentos, como havia feito anteriormente. Ele estudou os textos tradicionais da linhagem de Kagyü que incluem os três tópicos tântricos, ou seja, o *Tratado da Natureza de Buda*, o *Tantra de Hevajra* e a *Profunda Realidade Interna*, mais os cinco tópicos de sutra.[93] Ele também estudou extensivamente os textos canônicos das tradições Sakya, Geluk e Nyingma de sutra, tantra e lógica. Desta forma, ele cortou completamente todas as dúvidas e fabricações conceituais.

Quando completou seus estudos, ele fez um exame oral no qual debateu perante milhares de abades, tulkus, lamas e monges das quatro principais ordens budistas do budismo tibetano – o encontro foi presidido por Sua Santidade o Dalai Lama. Após o exame, ele recebeu o grau de Geshe Lharampa, tornando-se um objeto de louvor e reverência por seu talento com o debate de raciocínio lógico e por seu agudo conhecimento e sabedoria. Sua fama realmente se espalhou em todas as direções.

Rinpoche voltou, então, à presença do 16º vitorioso supremo e de Drupön Tenzin Rinpoche, recebendo mais instruções experienciais e relatando suas realizações como uma oferenda. Ele também recebeu do senhor do refúgio, Dilgo Khyentse Rinpoche, as iniciações, instruções e transmissões de leitura do grande rol de ensinamentos chamado *Rinchen Terdzö* (Tesouro Precioso de Terma). Também recebeu especialmente o guia de instruções para o *Lamrim Yeshe Nyingpo* (Etapas do Caminho da Sabedoria Essencial) e outros textos-chave.

Em suma, durante esse período, Rinpoche foi completamente além de todas as fabricações conceituais ao escutar, contemplar e meditar sobre a profunda visão, meditação e conduta, em todos os seus estágios.

Aos 31 anos, o senhor guru foi homenageado pelo 16° vitorioso supremo, o senhor Rangjung Rigpe Dorje, e nomeado como abade (khenpo) da gloriosa e inigualável linhagem Kagyü.

Beneficiando os ensinamentos e os seres de forma diligente de acordo com o comando do senhor Rangjung Rigpe Dorje

Seguindo as instruções do 16° Karmapa, bem como a profunda aspiração da rainha-mãe do Butão, Phuntsok Chödrön, Rinpoche viajou para o Butão, permanecendo por alguns anos em Kunga Rabten e Bumthang. Nesses locais, ele beneficiou enormemente muitos discípulos fiéis. Em 1968, no topo de uma montanha em Kunga Rabten Dzong, Rinpoche fundou um convento chamado Karma Drubde Gon, completo e incluindo as representações das três joias, em um lugar muito isolado e lindo. Ele colocou as monjas que vieram de Nyemo com ele, cerca de treze ao todo, em um retiro de três anos em um local com instalação apropriada para esse fim e cuidadosamente as guiou em suas práticas.

De acordo com o comando do grande 16° vitorioso supremo, que instruiu Rinpoche a ir para o Ocidente e realizar atividades de iluminação em benefício dos ensinamentos e de todos os seres, em 1977, Rinpoche viajou para a Europa, começando na França, na sede Kagyü, chamada Takpo Kagyü Ling. Naquela época, Nyoshul Khen Rinpoche[94] também estava na região. Os dois mestres conversaram sobre suas experiências e realizações do Caminho do Meio, do Mahamudra e do Dzogchen, e descobriram que suas experiências tinham muitas sintonias.

Depois disso, Rinpoche viajou para o Reino Unido, a Alemanha, a Bélgica, a Grécia e outros países europeus, ensinando a língua tibetana e girando as rodas do Darma de sutra e mantra. Os muitos alunos europeus que se tornaram tradutores e que se dedicaram a um extenso estudo de sutra e tantra, sob sua orientação, se tornariam os primeiros discípulos ocidentais de Rinpoche.

Quando ele estava na Europa, o senhor guru fez uma pergunta à Sua Santidade o 16º Karmapa: "A Escola da Tradução Antiga Nyingma possui os 'treze grandes textos',[95] a Gloriosa Escola Sakya tem os 'dezoito textos de grande renome',[96] e os Riwo Gedenpas, a Escola Geluk, tem os 'cinco volumes canônicos'[97] e assim por diante. Quais são os textos de singular importância para a tradição de Kagyü?". A resposta do Karmapa veio em uma carta na qual ele escreveu: "Para a Kagyü, existem oito textos supremos de sutra e tantra".[98]

Como se a carta tivesse descido diretamente desde o topo de sua cabeça, Rinpoche acatou este conselho do Karmapa com grande respeito e começou a enfatizar esses textos de sutra e tantra em seus ensinamentos. Ele complementava isso fazendo aspirações de que a atividade búdica dos Darmas da escritura e da realização em geral e, especialmente, da inigualável Takpo Kagyü, se espalhassem pelo espaço. Em 1978, Rinpoche fundou o Kagyü Thegchen Shedra na Europa e, depois disso, a Fundação Marpa da Europa.

A partir de 1982, e de acordo com o comando do 16º Karmapa, Rinpoche serviu como abade do Instituto Karma Shri Nalanda para Estudos Budistas Superiores (shedra), na moradia do Karmapa, o mosteiro de Rumtek. Ele deu muitos ensinamentos para khenpos, tulkus e monges sobre os grandes textos e os guiou extensivamente através dos estágios da meditação de shamata, vipássana e assim por diante, no contexto do engajamento sequencial nos veículos do Darma do Buda. Ele também compôs textos sobre a abordagem única da linhagem Kagyü para tópicos essenciais de shedra: introdução aos termos da lógica, classificações da mente e classificações de razões, juntamente com análises críticas dos dois últimos. Esses textos eram composições de Rinpoche, mas resumiam precisamente o significado pretendido do *Oceano dos Textos sobre o Raciocínio*, de autoria do 7º Karmapa, Chödrak Gyamtso, e o *Tesouro do Conhecimento*, de Jamgön Kongtrul Lodrö Thaye. Eles se tornaram um recurso único para estudos nos shedras Kagyü e em instituições e organizações internacionais de Darma.

Rinpoche finalmente começou seu caminho rumo aos Estados Unidos, Canadá e outros países da América do Norte e do Sul. Sem preconceito, ele ensinou o Darma de sutra e mantra a alunos dedicados em diversos centros Kagyü, como Karma Triyana Dharmachakra, Vajradhatu, centros inspirados pelo venerável Kalu Rinpoche, e para muitos outros grupos e organizações. Em especial, com grande bondade, ele ofereceu as instruções de Mahamudra e Dzogchen e orientou os alunos nessas meditações; ele continua a orientar muitos desses alunos até hoje. Durante o seu tempo na América do Norte, Rinpoche encontrou-se com Chögyam Trungpa Rinpoche e discutiu com ele a propagação e difusão dos ensinamentos do Buda no Ocidente. O corpo de alunos norte-americanos de Rinpoche tornou-se ilimitado e incluiu muitos tradutores fluentes. Em 1994, ele estabeleceu o ramo americano da Fundação Marpa.

Rinpoche também viajou para o sudeste da Ásia, para países como Taiwan, onde deu ensinamentos sobre os três veículos. Especificamente, ele derramou uma chuva de néctar do Darma genuíno do mantra secreto Vajrayana, através da qual ele fez com que seus discípulos amadurecessem plenamente. Em Taiwan, ele estabeleceu um centro de Darma chamado Zhebsang Shedrub, além de outro ramo da Fundação Marpa.

Ele também estabeleceu outros centros de prática Zabsang Shedrub na Malásia e em Cingapura. Por intermédio de todas essas atividades, ele propagou os ensinamentos da linhagem de prática em todas as direções. Durante esse período, Rinpoche continuou a girar a roda do Darma na Índia, no Butão e no Nepal. No Butão, estabeleceu três centros de retiro na área da residência real em Kunga Rabten: um em 1988, chamado Drolma Chöling; outro em 1998, chamado Ngön-ga Chöling; e o último em 2001, chamado Kunzang Ngayab Chöling. Tendo estabelecido esses centros, completos e com as representações das três joias, ele guiou as monjas que lá praticavam – e que continuam a praticar e a receber a orientação de Rinpoche até hoje – nas preliminares, meditação e recitação da prática *Realização do Reino da Grande Felicidade*, juntamente com a prática de powa associada a ela, e também o *Sutra do Coração*, Chöd, Könchok Chidü e outros métodos de prática Mahamudra e Dzogchen. As monjas continuam a se dedicar a essas práticas de forma ininterrupta.

Em 1983, perto da estupa de Jarung Khashor em Boudhanath, Nepal, Rinpoche começou a dar sessões de ensinamento a estudantes internacionais, com foco na língua tibetana e nos textos de sutra, mantra e lógica.

Em 1986, ele fundou o Instituto Marpa para Tradução e o Comitê de Tradução Marpa. Além disso, na escola de tradução, ele também ofereceu ensinamentos raros e profundos em reuniões com alguns de seus alunos mais avançados e mais próximos, liderados por alguns dos mais talentosos tulkus. Para esse público, no estilo das transmissões experienciais, ele ensinou *Mahamudra: o Oceano do Significado Definitivo*, a *Profunda Realidade Interna*, a ioga de seis ramos do *Tantra de Kalachakra*, os seis *Darmas de Naropa* e outras instruções verbais dos caminhos de liberação e do método.

Ele transmitiu esses ensinamentos em suas formas mais desenvolvidas, com entrevistas nas quais os alunos relatavam suas experiências, e com instruções para os estágios de aprimoramento e assim por diante.

No ano 2000, Rinpoche estabeleceu um centro de retiros em *Yolmo Gangra* no Nepal, em *Tak Puk Senge Dzong*, a "caverna de tigres, fortaleza do leão", um local onde praticou o senhor Milarepa. Desde então, monjas e discípulos de Rinpoche do mundo todo têm se dedicado a práticas de Mahamudra e outras práticas ali. Em 2006, perto da estupa *Jarwan Khashor*, em Boudhanath, Rinpoche estabeleceu Thegchok Ling, um convento onde monjas se dedicam à prática em um ambiente monástico de alegria e diligência ao ouvir, contemplar e meditar sobre o Darma conforme a maneira precisa pela qual o senhor guru as guiou.

Em resumo, o senhor guru tem sido um detentor exemplar dos ensinamentos dos vitoriosos, incorporando a união de prática e estudo. Ele realizou extensas explicações, debates e composição com base nas tradições textuais do sutra e do mantra em geral, manteve a tradição de orientar a prática de maneira direta e empírica e, desta forma, concedeu a muitas pessoas infinitas instruções verbais. Desta forma, ele estabeleceu um número ilimitado de discípulos afortunados nos caminhos do amadurecimento e da liberação.

Para falar um pouco mais sobre seus atos sublimes, Rinpoche sempre deu grande valor às canções de realização de Milarepa, como aquelas encontradas em suas *Cem Mil Canções*, bem como as de todos os outros sidhas ancestrais das escolas antiga e posterior. De maneira adequada, ele proferiu muitas canções vajra elucidando essas intenções. Ele mesmo também compôs inúmeros dohas que comunicam as instruções orais.

Ele revitalizou a tradição de prática relacionada ao 3º Karmapa, Rangjung Dorje, o *Karma Nyingtik* (*A Essência do Coração do Karmapa*), e transmitiu o âmago de suas instruções experienciais essenciais.

Até hoje, seus alunos afortunados do Oriente e do Ocidente continuam a praticar e apreciar os frutos de duas de suas contribuições principais: as súplicas, músicas e danças vajra de Arya Tara, que contam a sua origem; e o sistema de exercício de ioga *Lujong*, "treinando e purificando o corpo", um sistema especial que reúne os caminhos da liberação e do método, e que surgiu na expansão da própria mente de sabedoria do guru.

Ele compôs *A Sadana de Mahamudra: A Dança Alegre da Amrita de Grande Felicidade,* um conjunto de instruções absolutamente profundo e sublime que foi espontaneamente proferido por ele e relata o luminoso Mahamudra, acompanhado de seu próprio autocomentário. Ele tornou possível para seus alunos em todo o mundo cantar as canções de realização acima mencionadas, com melodias recém-adaptadas em uma ampla variedade de línguas: tibetano, inglês, chinês e outras. Ele promoveu a experiência de seus alunos no ouvir, contemplar e meditar, encorajando-os a acompanhar essas músicas com danças vajra. Desta forma, com muita bondade, Rinpoche emulou e continua a reproduzir fielmente os exemplos de vida dos grandes antepassados da linhagem de prática.

Esta história da vida externa do meu glorioso guru, Khenchen Vajradara, Dechen Rangdrol, contada a partir da perspectiva das aparências comuns, baseou-se principalmente em sua grande autobiografia e foi complementada por entrevistas com algumas das monjas idosas que foram as primeiras discípulas do guru e com alguns de seus alunos ocidentais mais antigos. Esta história foi escrita aqui de acordo com o comando do senhor dos vitoriosos.

Pelo poder disto, possa eu e todos os outros discípulos do senhor guru ver as sementes da nossa devoção e os três tipos de fé se desenvolverem cada vez mais, até que nós mesmos obtenhamos a capacidade de manter o legado da experiência e realização do senhor guru. Em particular, que este esforço seja uma causa que promova a longevidade e segurança das vidas do glorioso senhor dos vitoriosos, Karmapa Ogyen Drodul Trinley Dorje, e do supremo guru Khenchen Vajradara: que suas atividades iluminadas se espalhem pelo universo!

> Este foi um conto de liberação que mostra exatamente
> Como a pura renúncia do veículo fundamental,
> A compaixão e a bodicita do Mahayana,
> E a perspectiva imparcial e sagrada do Vajrayana
> Podem ser aplicados na mente.
> A luminosidade do corpo iluminado,
> Com seus sinais e marcas dignas,
> A melodia do discurso iluminado,
> Com a ressonância natural de darmata
> E a esfera da mente iluminada,
> Com sua sabedoria original sem máculas,
> São realizados apenas por meio da fé e do caminho da devoção –
> Como eles poderiam ser conhecidos de qualquer outra forma?

Indo muito além da esperança e do medo, os
   esquemas do conceito,
Em todas as minhas vidas, possa eu ser guiado pelo
   inigualável guru.
Por meio disso, possa eu alcançar rapidamente o
   estado supremo de Vajradara.

Isto foi escrito por um dos súditos deste senhor, que foi sustentado pelas três benevolências do guru, aquele chamado de Dzogchen Ponlop, também conhecido como Karma Sungrap Ngedön Tenpay Gyaltsen. Foi completado em Nalanda West (Seattle, Washington) no ano 2553 da era budista. Que seja virtuoso! Sarva Mangalam!

© 2010 Tyler Dewar e a Rede de Tradução de Nitartha. Tradução para o português por Helena Patsis-Bolduc.

Notas

1. Tib. *dbu ma rtsa ba shes rab*: Sans. *Mula-madhyamaka-karika*.
2. Ju Mipham Rinpoche (1846-1912) foi um grande mestre da linhagem Nyingma do budismo tibetano e um dos líderes do movimento Ri-me (não sectário) que teve início no Tibete, em meados do século XIX.
3. Tib. *dbu ma rtsa ba'i mchan 'grel gnas lugs rab gsal klu dbang dgongs rgyan*.
4. Um grande mestre indiano da escola do Caminho do Meio dos Consequencialistas.
5. *Sidha* significa "aquele que alcançou a realização". Refere-se aos notáveis praticantes budistas que atingiram a compreensão decisiva da verdadeira natureza da realidade.
6. Vajrayana ou "veículo adamantino" é o conjunto de práticas do Mahayana que são mantidas em segredo.
7. O Abidarma é um conjunto de ensinamentos do Buda proveniente do primeiro giro da roda do Darma, no qual ele descreve as características, entre outras coisas, da origem da consciência, dos agregados e dos elementos. Nesses ensinamentos, o Buda não refutou explicitamente a verdadeira existência dos fenômenos que ele descrevia. Entretanto, ele explicitamente refutou a existência real dos fenômenos, durante os ensinamentos do segundo giro da roda.
8. *As três raras e supremas ou as três joias preciosas* referem-se ao Buda, Darma e Sanga – os três objetos de refúgio na tradição budista. Uma pessoa se refugia do sofrimento do samsara no Buda, o mestre; no Darma, os ensinamentos a serem praticados; e na Sanga, a comunidade de praticantes nobres que compreenderam diretamente a natureza verídica da realidade e que servem de guia ao longo do caminho.
9. De acordo com o Mahayana, são cinco os caminhos que constituem a jornada final da iluminação: as vias de acumulação, junção,

visão, meditação, e a via na qual não mais se aprende. As duas primeiras são os caminhos das pessoas comuns, as duas seguintes são atravessadas pelos nobres bodisatvas que conceberam diretamente a natureza da realidade, e a quinta é o caminho dos próprios budas. O caminho da acumulação possui três fases, o caminho da junção possui quatro e, apesar de ambos serem as vias das pessoas comuns, o contraste entre os praticantes nessas diferentes fases é muito grande. Por exemplo, atingir apenas o segundo nível da via de acumulação proporciona certos tipos de clarividência e poderes miraculosos. O ponto principal é que atingir o nível de paciência é certamente uma das mais maravilhosas façanhas.

10. Um dos grandes eruditos dos tempos modernos, Gendun Chöpel viveu de 1902 a 1951.

11. Existem três reinos habitados pelas criaturas sencientes no samsara: o reino do desejo, o reino da forma e o reino da ausência de forma. Os dois últimos são mais tênues e de domínio exclusivo de certos deuses que passaram muito tempo cultivando condições específicas de certos estados de absorção meditativa. O reino do desejo é povoado por todas as seis classes de seres sencientes: os seres no reino dos infernos, dos fantasmas famintos, dos animais, dos humanos e de certos tipos de deuses.

12. Um arhat é aquele que atingiu a realização sublime, o nirvana do Shravakayana ou do Pratyekabudayana (ver nota 16). Pelo cultivo de uma forte repugnância e renúncia ao samsara, mais o aperfeiçoamento da percepção da ausência do eu do indivíduo, os arhats libertam-se completamente das aflições mentais e obtêm a liberação do samsara. Em certo ponto, entretanto, os budas os despertam dessa paz meditativa, revelam que eles ainda não obtiveram a realização do estado búdico e os estimulam a praticar os ensinamentos do Mahayana para o benefício de todos os seres. Com isso, eles finalmente atingem a iluminação completa e perfeita dos budas.

13. Gyalwa Gotsangpa foi uma emanação de Milarepa e um grande mestre da antiga linhagem Drukpa Kagyü, quatro gerações depois do Mestre Gampopa, o principal discípulo de Milarepa.

14. Existem três diferentes fenômenos não compostos: o espaço, a cessação que é resultante da análise e a cessação que não é resultante da análise. O segundo refere-se à ausência de aflições mentais e de sofrimento na corrente mental de um arhat que tenha entendido claramente a ausência do eu no indivíduo por meio de análise. O terceiro refere-se a qualquer cessação ou ausência que não seja o resultado da análise de um arhat; em outras palavras, todos os casos comuns de não existência ou de cessação de coisas que ocorrem no mundo diariamente. Por exemplo, a não existência de elefantes na lua é um exemplo desse terceiro tipo de fenômeno não composto. Todos eles têm em comum a ausência de coisas que se manifestam, permanecem e cessam. Eles são o oposto – a não existência – das coisas que se manifestam, permanecem e cessam.

15. *Samádi* refere-se a um estado de concentração e não distração. Aparentemente paradoxal, o samádi que enxerga todas as coisas como sendo uma ilusão é a meditação praticada no meio de todas as distrações apresentadas aos sentidos pelos pensamentos e objetos. Contudo, lembrar que todas essas distrações são ilusórias constitui a prática desse samádi e, assim, todas elas se tornam companheiras da meditação e a intensificam, em vez de ser um impedimento ou obstáculo.

16. O Shravakayana (o veículo dos ouvintes) e o Pratyekabudayana (o veículo dos budas solitários) compõem o Hinayana, o veículo fundamental do budismo, cujos princípios e práticas baseiam-se no primeiro giro da roda do Darma.

17. Aqui, o termo 'lenha' significa a madeira que está de fato sendo consumida pelo fogo.

18. Para mais explicações sobre a não existência real do indivíduo por não ser igual ou diferente dos cinco agregados, ver o primeiro verso do capítulo 18, "Uma análise do ser e dos fenômenos".

19. A escola Rang-tong é uma das ramificações do sistema do Caminho do Meio e seu ponto de vista baseia-se no segundo giro da roda do Darma. Ela é subdividida em duas escolas: a do Caminho do Meio dos Autonomistas a dos Consequencialistas.

20. Dzogchen, como o Mahamudra, é um conjunto de preceitos que expõem a natureza verídica da realidade e como meditar sobre ela. *Korde rüshin* é uma das práticas do Dzogchen.

21. *Emaho* é uma palavra tibetana que expressa surpresa ou espanto.

22. O Vinaya é uma série de preceitos sobre a conduta prescrita e proscrita pelo Buda aos discípulos que mantêm os votos dos diversos *yanas* (veículos) do budismo.

23. "Corpo" é a tradução do sânscrito *kaya*; para uma descrição dos três kayas, ver notas 28 e 29.

24. Para um resumo dos 12 elos da originação interdependente, ver capítulo 26: Uma Análise dos Doze Elos da Existência.

25. Para mais detalhes sobre a razão de o aparecimento e o desaparecimento só existirem em dependência mútua, ver a análise semelhante sobre manifestação, permanência e cessação no capítulo 7, "Uma Análise dos Compostos".

26. *Tatágata* significa "Este que assim se foi" e *Sugata* significa "Este que se foi na alegria". Ambos são epítetos do Buda.

27. Uma negação não afirmativa é a negação da existência que não afirma nenhum substituto em seu lugar. Por exemplo, a afirmação "não há nenhuma colher" simplesmente nega a existência da colher sem afirmar a existência de algo mais. Seu oposto é uma negação afirmativa, como a declaração "o leão não está morto". Aqui, negar a sua morte implica que o leão está vivo.

28. O *darmakaya* é um dos três kayas, ou dimensões da iluminação. Os outros dois são o *sambogakaya* e o *nirmanakaya* (descritos na nota 29). O darmakaya refere-se à mente iluminada do Buda e o darmakaya da pureza natural é o modo de ser verdadeiro da mente iluminada, assim como o modo de ser verdadeiro de todos os seres. Sua natureza transcende as fabricações mentais; é a essência da realidade genuína. Quando entendemos perfeitamente o seu modo de ser, atingimos o darmakaya que é isento de manchas transitórias, despertando na iluminação completa e perfeita da budeidade.

29. Existem dois kayas de forma, o sambogakaya e o nirmanakaya. O primeiro aparece e ensina exclusivamente os bodisatvas nobres nas dez regiões dos bodisatvas. O último aparece e ensina os seres comuns e também os bodisatvas nobres.

30. Para outra análise de como tudo que existe em dependência mútua não existe verdadeiramente, ver o capítulo 10, "Uma análise do fogo e da lenha".

31. Para mais explicações sobre como tudo que existe é atribuído aos elementos que o compoem, ver capítulo 20, "Uma análise da coleção de eventos".

32. "O nirvana naturalmente presente" é um sinônimo do darmakaya da pureza natural. Ver nota 28.

33. Para uma discussão semelhante que forma um paralelo entre os dois tipos de darmakaya e os dois tipos de nirvana, ver nota 28.

34. Verso 11.

35. Não se sabe com certeza quem escreveu esse comentário específico. Alguns dizem que foi escrito pelo próprio Nagarjuna, mas outros discordam.

36. Budapalita escreveu um dos primeiros comentários sobre *A Sabedoria Fundamental do Caminho do Meio* a partir do ponto de vista da escola do Caminho do Meio dos Consequencialistas.
37. Bavaviveka, como Budapalita, compôs um comentário sobre *A Sabedoria Fundamental do Caminho do Meio*, mas sob o ponto de vista da escola do Caminho do Meio dos Autonomistas.
38. Capítulo 25, verso 24 (não incluído aqui).
39. Tsong-khapa (1357-1419) foi o fundador da linhagem Gelugpa do budismo tibetano.
40. Verso 19.
41. Verso 20.
42. Verso 34.
43. O amor não referencial do Buda é a união perfeita de amor e natureza do vazio. É completamente livre de conceitos referentes a qualquer sujeito, objeto e ação. Ao mesmo tempo, espontânea e infinitamente, ele beneficia os seres, sem nenhuma intenção de que uns mereçam mais do que outros. Ele é a pura essência da mente iluminada do Buda e sua manifestação é o fruto consumado do caminho do Mahayana.
44. Os números entre parênteses referem-se aos números do verso raiz nos capítulos específicos.
45. O Conquistador Transcendente no sutra refere-se ao Buda Shakyamuni. A Senhora Conquistadora Transcendente do título do sutra e da homenagem inicial, refere-se ao Prajnaparamita, a sabedoria transcendente, o darmakaya, que é a Mãe Suprema de todos os seres realizados.
46. *Bhikshu* é um monge integralmente ordenado.
47. Sobre os potenciais latentes, "nada no meio deles" refere-se aos 15 potenciais entre a faculdade do olho e a faculdade mental. E em relação aos 12 elos do aparecimento interdependente, refere-se aos dez elos encontrados entre a ignorância e a velhice e morte.
48. Os números entre parênteses referem-se aos números dos versos do 6º capítulo do texto *Entrando no Caminho do Meio*.
49. "Intrínseca e extrínseca" referem-se ao encontro das origens da consciência externa (o tema da segunda natureza do vazio) com as origens da consciência interna (o tema da primeira natureza do vazio) durante um momento de percepção sensorial. A natureza do vazio desse contato entre o externo e o interno forma a natureza do vazio extrínseca e intrínseca.

50. Os incomensuráveis são: incomensurável amor, compaixão, alegria e equanimidade por todos os seres das dez direções e são cultivados como parte da prática do Mahayana. O número de seres sencientes das dez direções é infinito e, devido a isso, essas quatro contemplações são chamadas de incomensuráveis – elas são um exemplo do alcance infinito das dez direções.
51. "O que se encontra além dos extremos" refere-se igualmente à natureza do vazio, ao aparecimento interdependente e ao Caminho do Meio, pois nenhum dos extremos – permanência, extinção, realismo, niilismo, existência, não existência e assim por diante – se aplica ou descreve a sua essência.
52. A natureza do vazio é o assunto da 4ª e também da 12ª natureza do vazio. Ela é relatada duas vezes como vazia em si porque temos duas maneiras diferentes de nos apegar a ela. Primeiro, nos apegamos à natureza do vazio em si como se realmente existisse e, para neutralizar isso, ensinam-nos o vazio da natureza do vazio. Segundo, escutamos nos ensinamentos que a natureza do vazio é a verdadeira natureza dos fenômenos, então, nos apegamos a essa natureza como se ela realmente existisse. Para inverter esse tipo de apego, ensinam-nos a natureza do vazio da verdadeira natureza.
53. "Alunos" refere-se aos shravakas.
54. A natureza do vazio de todos os fenômenos é a natureza vazia dos nomes que damos a todas as coisas. Por exemplo, o nome *fogo* é vazio de sua própria essência.
55. Os seis tipos de contato são aqueles entre as seis origens internas da consciência com os seus respectivos objetos. Os seis tipos de sensações são os sentimentos agradáveis, desagradáveis ou neutros que aparecem como resultado dos seis tipos de contato.
56. A natureza do vazio das características definidoras é a natureza do vazio dos fundamentos que dão nomes às coisas, por exemplo, a natureza do vazio daquilo que é quente e queima, e a que damos o nome de fogo.
57. Essas quatro naturezas do vazio são um resumo das outras 16. Entre elas, as duas primeiras incluem todos os fenômenos na realidade aparente e as duas últimas incluem tudo na realidade autêntica.
58. Essa é igual à 12ª natureza do vazio acima mencionada.
59. A realidade autêntica é conhecida como a "outra entidade" por três motivos: quando comparada, ela é de modo geral superior; não consegue ser reconhecida pela consciência simplesmente, mas

apenas pela sabedoria original; e finalmente, sua natureza transcende todo o samsara.

60. "Gomde" (*sGom sde*) significa "comunidade de meditação"; "Nangchen" (*Nang chen*) é o nome próprio do lugar. Nangchen, em Kham, no Tibete, está localizada na atual prefeitura autônoma tibetana de Yushu, na província de Qinghai, na China. A localização de Nangchen é visível no Google Maps em http://bit.ly/nangchen.

61. *Ti shr'i ras pa dkar po.*

62. *Khra ris phu.*

63. *Ga bu sbra chung.*

64. *Shes rab blo gros,* "inteligência-prajna".

65. *Chu 'bab phug.*

66. *Byang rta rna mgon,* um mosteiro da linhagem Yelpa *(Yel pa)* Kagyü que também é afiliado ao Mosteiro de Tsurphu, a sede principal da linhagem Karma Kagyü (Centro Tibetano de Recursos Budistas, G2628).

67. *Sangs rgyas yel pa,* 1134-1194, também conhecido como Yelpa Yeshe Tsek (*Yel pa ye shes brtsegs*), compôs muitas obras, principalmente canções de realização e súplicas (Centro Tibetano de Recursos Budistas, P5132).

68. O templo de Tradruk é um importante local histórico no sul do Tibete. Foi construído pelo rei tibetano Songtsen Gampo no século VII como um dos quatro "templos fronteiriços" (*mtha' ' dul bzhi*) para subjugar forças malévolas no Tibete na época (*The Great Tibetan-Chinese Dictionary*).

69. Jamyang Khyentse Chökyi Lodrö ('*Jam dbyangs mkhyen brtse chos kyi blo gros*), também conhecido como Dzongsar (*rdzong gsar*) Khyentse Chökyi Lodrö, era um mestre de renome da tradição Rime (*ris med*) do Tibete.

70. *sDe gzhung rin po che,* 1906-1987. Veja o *A Saint in Seattle* (Um Santo em Seattle), de David P. Jackson (Wisdom Publications, 2003).

71. Os cinco ancestrais de Sakya (*Sa skya gong ma lnga*) foram Sachen Kunga Nyingpo (*Sa chen kun dga 'snying po*, 1092-1158), Sönam Tsemo (*bSod nams rtse mo,* 1142-1182), Drakpa Gyaltsen (*Grags pa Rgyal mtshan,* 1147-1216), Sakya Pandita (*Sa skya pan di ta,* 1182-1251), e Chögyal Pakpa (*Chos rgyal 'phags pa,* 1235-1280).

72. *bZod pa mthar phyin.*

73. *Khams pad rdo rje brag.*

74. *Ma gcig lab sgron,* 105-1149, a grande fundadora da tradição da prática de Chöd (*gcod*, lit. "atravessar"). Veja *Machik's Complete Explanation: Clarifying the Meaning of Chöd* (A Explicação Completa de Machik: Esclarecendo o Significado do Chöd), de Sarah Harding (Snow Lion Publications, 2003), e *Machik Labdrön and the Foundations of Chöd* (Machik Labdrön e os Fundamentos do Chöd), de Jérôme Edou (Snow Lion Publications, 1996).

75. Um mosteiro afiliado a Tsurphu, localizado em Nangchen, Kham.
76. Uma "peregrinação de prostração completa" é uma maneira devocional de peregrinos budistas tibetanos tradicionais atravessarem suas rotas, muitas vezes por distâncias significativas. O peregrino cobre toda a rota por meio de uma prostração completa, avançando para o ponto no chão onde suas mãos estendidas atingiram durante a prostração que acabou de completar, realizando outra prostração completa desse ponto e repetindo esse processo até o destino final.
77. sGrub dpon bstan 'dzin rin po che.
78. Mahamudra, por outro lado, compreende o "caminho da liberação".
79. *Lva ba sgrub phug.*
80. *bLa ma rab 'byor.*
81. *gSang thig snying po*, um ciclo de terma do grande revelador de tesouros, Chokgyur Lingpa (*mchog gyur gling pa*, 1829-1870).
82. Tölung (*sTod lung*, lit. "vale superior") é uma referência de localização para o município onde o mosteiro de Tsurphu (*mTshur phu*) está localizado, Tölung Dechen Dzong (*sTod lung bde chen rdzong*), a "fortaleza de grande felicidade no vale superior".
83. *sKyid mo phug.*
84. "Grande Repa" é uma referência a Tashi Paljor (*bKra shis dpal 'byor*, 1457-1525), a primeira encarnação de Sangye Nyenpa (*Sangs rgyas mnyan pa*) e o guru principal do 8º Karmapa, Mikyö Dorje.
85. *Nam mkha'i bcud len.*
86. *bSil ba tshal*, um famoso cemitério no atual estado do Bihar, na Índia.
87. *sByin mdo mgon* em *sNye mo* e *sGrol ma phug.*
88. *bDe chen zhing sgrub.*
89. *Khu sgom chos kyi seng g*e.
90. Thang stong rgyal po, 1361-1485, um afamado adepto de meditação, engenheiro e artista. Veja *King of the Empty Plain: The Tibetan Iron Bridge Builder Tangtong Gyalpo* (Rei da Planície Vazia: O Construtor Tibetano da Ponte de Ferro Tangtong Gyalpo), de Cyrus Stearns (Snow Lion Publications, 2007).
91. Os quatro grandes locais sagrados são os locais de nascimento

do Buda, de sua iluminação, o local onde girou a primeira roda do Darma e onde passou para o parinirvana, correspondendo, nessa ordem, a Lumbini, Bodhgaya, Varanasi e Kushinagar.

92. *sNye mo ba*, também conhecido como Nyemowa Samten Phuntsok (*sNye mo ba bsam gtan phun tshogs*), mestre da tradição Drikung Kagyü. *The Life of Shabkar: The Autobiography of a Tibetan Yogin* (A Vida de Shabkar: A Autobiografia de um Iogue Tibetano), traduzido por Matthieu Ricard, (Snow Lion Publications, 2001, p. 346, n. 65).

93. Os cinco tópicos do sutra são a ética budista (Vinaya), o Abhidharma, a Cognição Válida, o Prajnaparamita e o Caminho do Meio. Veja mais sobre os três tópicos do tantra e os cinco tópicos do sutra na nota abaixo sobre os "oito grandes textos de sutra e tantra" da linhagem de Kagyü.

94. *sMyo shul mkhan rin po che*, 1931-1999, um dos maiores mestres Dzogchen do século XX.

95. Uma lista desses treze textos foi feita pelo Rigpa Shedra (*www.rigpawiki.org*) e pode ser vista em *http://bit.ly/13texts*.

96. Estes dezoito estão listados na nota 469, na página 661, do livro de Cyrus Stearn, *Taking The Result as The Path: Core Teachings of the Sakya Lamdré Tradition* (Tomando o Resultado como Caminho: Ensinamentos Essenciais da Tradição Sakya Lamdré), Wisdom Publications, 2006. Uma imagem do Google Books desta nota pode ser vista em *http://bit.ly/18texts*.

97. Estes foram mencionados acima como os "cinco tópicos de sutra".

98. Os oito ótimos textos de sutra e tantra são, na verdade, oito conjuntos de textos-raiz e seus comentários. Existem cinco tópicos de sutra e três tópicos de tantra. Para os cinco tópicos de sutra, o texto-raiz para o Vinaya é o *Resumo do Vinaya* (*Vinayasutra, 'Dul ba mdo*), de Gunaprabha; e o principal comentário utilizado é o *Orbe do Sol* (*Nyi ma'i dkyil 'khor*), do 8º Karmapa, Mikyö Dorje. O texto-raiz do Abidarma é o *Tesouro de Abhidharma* (*Abhidharmakosha, Chos mngon pa mdzod*), de Vasubandhu; e o principal comentário usado é *Extraindo o Deleite de Realização e Felicidade* (*Grub bde dpyid 'jo*), do 8º Karmapa, Mikyö Dorje. O texto-raiz do Prajnaparamita é o *Ornamento para a Realização Nítida* (*Abhisamayālamkāra, mNgon rtogs rgyan*), de Maitreya e Asanga; e o principal comentário usado é o *Consolo dos Nobres* (*rJe btsun ngal gso*), do 8º Karmapa, Mikyö Dorje. O texto-raiz do Caminho do Meio é a *Entrada ao Caminho do Meio* (*Madhyamakāvatāra, dBu ma la 'pa*), de Chandrakirti; e o principal comentário usado é *A Carruagem dos Sidas de Takpo Kagyü* (*Dvags brgyud grub pa'i shing rta*), do

8º Karmapa, Mikyö Dorje. Os textos-raiz da Cognição Válida são os *Sete Tratados sobre Cognição Válida* (*Tshad ma sde bdun*), por Dharmakirti (o texto principal entre os sete é o *Comentário sobre Cognição Válida* ou *Pramānavarttīka, Tshad ma rnam 'grel*), e o *Compêndio da Cognição Válida* (*Pramānasamuccaya, Tshad ma kun btus*), por Dignāga; e o principal comentário utilizado é o *Oceano dos Textos sobre o Raciocínio* (*Rigs gzhung rgya mtsho*), um trabalho que traz comentários do 7º Karmapa, Chödrak Gyamtso, sobre todos esses oito textos. Para os três temas de tantra, há o *Tratado sobre a Natureza de Buda* (*Uttaratantra, rGyud bla ma*), de Maitreya e Asanga, e seu principal comentário, *O Rugido Irreversível do Leão* (*Mi blzog seng ge'i nga ro*), de Jamgön Kongtrul Lodrö Thaye; *O Tantra de Hevajra* (*brTag gnyis*), do Buda Shakyamuni, e seu principal comentário, *Elucidando o Segredo Vajra Indestrutível* (*gZhom med rdo rje'i gsang ba 'byed pa*), de Jamgön Kongtrul Lodrö Thaye; e *A Profunda Realidade Interna* (*Zab mo nang don*) pelo 3º Karmapa, Rangjung Dorje, juntamente com o autocomentário do autor, bem como um comentário principal de Jamgön Kongtrul Lodrö Thaye chamado *Iluminando a Realidade Profunda* (*Zab don snang byed*).

Glossário

Abidarma. Conjunto de ensinamentos budistas pertencente ao primeiro ciclo da roda do Darma, no qual o Buda descreveu as características da origem da consciência, dos agregados e dhatus, entre outras coisas. Aqui, ele não refutou explicitamente a verdadeira existência dos fenômenos que descreveu, mas o fez durante os ensinamentos do segundo ciclo da roda.

*Aflições mentais (*sânsc. *kleshas).* Distúrbios mentais que afligem os seres sencientes de um modo geral porque não percebem a verdadeira natureza da realidade. Os principais (também chamados de cinco venenos) são: apego ou desejo, aversão, ignorância, orgulho e ciúme.

*Agregados (*sânsc. *skandas).* Os cinco grupos de fenômenos psicofísicos – formas, sensações, discriminações, formações e consciências. A existência de cada ser é individualmente atribuída em decorrência de um conjunto exclusivo desses skandas. Ver "Aparências de origem interdependente".

Aparências de origem interdependente. Qualidade fundamental de todas as aparências que existem. Tudo que aparece depende de suas causas e condições e trata-se apenas de mera aparência, pois é vazio de qualquer natureza inerente. O exemplo clássico é a lua que aparece refletida na superfície da água.

Arhat ("conquistador do adverso"). Praticante que atingiu ou a realização do Shravakayana ou do Pratyekabudayana, ao perceber a ausência individual do ser e que, com isso, conquista as aflições mentais que são desfavoráveis. O cultivo da renúncia e repugnância pelo samsara aperfeiçoa essa percepção da ausência de um ser individual. Dessa forma, os arhats libertam-se completamente das aflições mentais e do samsara. Mas, a partir de certo ponto, os budas os despertam da paz causada por esse estado meditativo; revelam que ainda não chegaram à realização final da budeidade em si e os induzem a praticar o Mahayana para o benefício de todos os seres. Consequentemente, eles chegam à perfeita e completa iluminação dos budas.

Ayatanas (sânsc.). Origem das consciências. Seis delas são externas: forma, som, cheiro, sabor, sensação tátil e fenômeno, que são os objetos percebidos pelas seis origens internas: olhos, ouvido, nariz, língua, corpo e mente.

Bavaviveka. Mestre indiano e autor do comentário sobre *A Sabedoria Fundamental do Caminho do Meio* do ponto de vista da escola do Caminho do Meio dos Autonomistas.

Bikshu (sânsc.). Monge integralmente ordenado.

Bodicita. "A mente voltada na direção da iluminação suprema." Possui dois aspectos: a bodicita da realidade aparente é o voto de encaminhar todos os seres ao estado da budeidade completa e perfeita. A bodicita da realidade genuína é a verdadeira natureza da realidade em si, da maneira como foi explicada pelo Buda no segundo giro da roda do Darma, como sendo a natureza do vazio além das construções mentais. Na prática budista do Mahayana são cultivados os dois tipos de bodicita.

Bodisatva. "Quem é destemido por causa da iluminação". Um adepto do caminho Mahayana que cultiva os dois tipos de bodicita. Existem bodisatvas comuns e nobres. Os últimos se destacam por perceberem diretamente a verdadeira natureza da realidade. Eles são destemidos porque fazem o voto de permanecer no samsara para ajudar os seres, em vez de tentarem escapar.

Buda. O mestre. Aquele que atingiu a iluminação perfeita e completa e o aperfeiçoamento das duas qualidades da sabedoria: a percepção da natureza do vazio e a compaixão por todos os seres.

Budapalita. Mestre indiano e autor de um dos comentário sobre *A Sabedoria Fundamental do Caminho do Meio* sob o ponto de vista da escola do Caminho do Meio dos Consequencialistas.

Caminho do Meio. A verdadeira natureza de todos os fenômenos, situada no meio de todas as polaridades imaginadas pelo intelecto, inclusive os extremos da existência e não existência, permanência e extinção, algo e nada, e até mesmo a noção do próprio "meio".

Características definidoras. Conjunto de características que determinam um *definiendum* específico, por exemplo, "quente e queimando".

Carma/ações cármicas. Carma literalmente significa "ação", mas também pode se referir aos resultados dessas ações. As ações cármicas referem-se a tudo que os seres de modo geral fazem com o corpo, a fala e a mente, motivados por pelo menos uma das aflições mentais, e que resulta em sofrimento.

Chandrakirti. Mestre indiano representante da escola do Caminho do Meio dos Consequencialistas. Mais conhecido pelo comentário intitulado *Entrando no Caminho do Meio*, no qual explica o significado da Sabedoria Fundamental do Caminho do Meio.

Cinco venenos. Ver *aflições mentais*.

Definiendum. O que é definido por um conjunto de características determinantes, por exemplo, "fogo".

Darma. Os ensinamentos do Buda; a prática desses ensinamentos.

Datus. Termo sânscrito que se refere a dois tipos diferentes de entidades. É traduzido como "elementos", quando se refere aos seis elementos: terra, água, fogo, vento, espaço e consciência. E como "potencialidade", quando se refere a uma classificação de 18 fenômenos. Os quatro elementos principais são terra, água, fogo e vento. Os cinco elementos são os quatro principais acrescidos do espaço, e, quando há seis elementos, o sexto é a consciência. Em relação às 18 potencialidades, elas se dividem em três grupos. No primeiro, estão as seis potencialidades externas, os objetos da percepção: forma, som, cheiro, sabor, tato e fenômenos percebidos pela consciência mental. No segundo, estão as seis potencialidades internas, as faculdades sensoriais que são a base de suporte das percepções: olhos, ouvidos, nariz, língua, corpo e mente. E, no terceiro, as seis potencialidades, as consciências que percebem, ou seja, a consciência do olho, do ouvido, do nariz, da língua, do corpo e da mente. Mipham Rinpoche explica a característica desses 18 fenômenos como sendo a capacidade ou potencial de cada um de atuar sua própria função específica, vindo daí a tradução como "potencialidade".

Dzogchen. "A Conclusão Principal". Série completa de ensinamentos que descreve a verdadeira natureza da realidade e como meditar sobre ela.

Elementos. Ver *datus*.

Escola Autônoma do Caminho do Meio (Svatantrika Madhyamaka). Uma das duas divisões da Escola do Caminho do Meio Rang-tong. Seus adeptos refutam a existência verdadeira e afirmam que a natureza do vazio é a verdadeira natureza da realidade.

Escola Consequencial do Caminho do Meio (Prasangika Madhyamaka). Uma das duas divisões da Escola do Caminho do Meio Rang-tong. Seus adeptos refutam a existência verdadeira, mas não afirmam que a natureza do vazio ou qualquer outra coisa seja a verdadeira natureza da realidade. Por perceberem que a realidade autêntica transcende todas as construções mentais, qualquer afirmação a respeito obscureceria a percepção da sua essência inconcebível.

Fenômeno composto. Algo que começa, permanece e acaba.

Fenômeno não composto. Algo que não começa, não permanece ou acaba. Existem três deles: espaço, cessação que é o resultado de análise e cessação que não resulta de análise. O segundo se refere à ausência de aflições mentais e sofrimentos na mente de um arhat que percebeu a ausência da própria individualidade por meio da análise. O terceiro se refere à cessação ou ausência de algo que não é resultado da análise dos arhats, ou seja, todos os exemplos comuns de não existência ou cessação de fatos que acontecem diariamente no mundo. Por exemplo, a não existência de elefantes na lua é o caso desse terceiro tipo de fenômeno não composto. Todos eles têm a mesma característica, que é a ausência de algo que inicia, permanece e acaba. Os fenômenos não compostos são assim, pois não há nada para começar, permanecer ou acabar. Eles são o oposto da não existência de algo que começa, permanece e acaba.

Gendun Chöpel. Um dos maiores sábios dos tempos modernos, viveu de 1902 a 1951.

Gotsangpa. Uma emanação de Milarepa. Um dos maiores mestres da antiguidade, pertencente à linhagem Drukpa Kagyü e quatro gerações além de Gampopa (o principal discípulo de Milarepa).

Iogue (fem. ioguini). Literalmente, "alguém que obtém naturalidade". Um(a) praticante que percebe diretamente a verdadeira natureza da realidade, de uma maneira ou de outra. Existem iogues shravakas, iogues pratyekabudas, iogues bodisatvas e iogues budas, sendo os últimos os mais importantes.

Je Tsong-Khapa (1357-1419). Fundador da linhagem Gelugpa do budismo tibetano.

Ju Mipham Rinpoche (1846-1912). Grande mestre da linhagem Nyingma do budismo tibetano e um dos líderes do movimento Ri-me (não sectário) que começou no Tibete em meados do século 19.

Machig Labdrön. A praticante feminina mais famosa da história do Tibete. Através do estudo dos sutras contidos no segundo giro da roda do Darma, ela alcançou a realização final.

Mahamudra. "O Símbolo Principal." Conjunto completo de instruções que descreve a natureza da realidade e como meditar sobre ela.

Mahayana. "O Veículo Principal" do budismo. A prática dos dois tipos de bodicita: a união da sabedoria e da compaixão. Seus adeptos iniciam o caminho do Mahayana quando geram a bodicita da realidade aparente (ver bodicita) e treinam nas seis práticas transcendentes (paramitas): generosidade, ética, paciência, diligência, concentração e a sabedoria que percebe a natureza do vazio. O objetivo é chegar à iluminação dos budas e encaminhar todos os seres para essa condição.

Milarepa. "O senhor dos iogues", um dos fundadores da linhagem Kagyü do budismo tibetano. Atingiu a budeidade em uma única vida.

Nagarjuna. Mestre indiano nascido quatrocentos anos após o Buda e autor de comentários sobre seus ensinamentos em todos os três giros da roda do Darma.

Natureza do vazio. A verdadeira natureza dos fenômenos que é vazia da individualidade do ser, vazia de existência verdadeira e basicamente vazia de qualquer conceito do que possa ser, inclusive da própria noção de natureza do vazio.

Negação não afirmativa. Negação da existência sem afirmar algo em seu lugar. Por exemplo, a frase "Não há colher" simplesmente nega a existência de uma colher sem afirmar a existência de alguma outra coisa. É o oposto de negação afirmativa, como a sentença "O leão não está morto". Negar sua morte implica que o leão está vivo.

Nirvana. A transcendência do sofrimento, a libertação do samsara. Conforme o Shravakayana e o Pratyekabudayana, é o que se encontra quando o ser senciente percebe a ausência da sua autoindividualidade. De acordo com o Mahayana, o único nirvana legítimo é o estado de budeidade que, por causa do aperfeiçoamento da sabedoria que percebe a natureza do vazio de todos os fenômenos, não perece nos extremos da existência samsárica e, por causa do aperfeiçoamento da compaixão, não se funde nos extremos da paz (como o nirvana encontrado pelos arhats shravaka e pratyekabuda).

Potenciais. Ver *datus.*

Pratyekabudayana. "O Veículo dos Budas Solitários." Um dos dois veículos cujas práticas baseiam-se no que foi ensinado pelo Buda durante o primeiro giro da roda do Darma. Por orgulho, os seguidores deste caminho desejam atingir a realização final sozinhos, sem a presença de um mestre ou de outros alunos. Como consequência, na última vida como seres humanos comuns, eles renascem em um local onde não existem os ensinamentos búdicos. Devido a uma série de circunstâncias, os hábitos e conhecimentos adquiridos no passado são reavivados e eles são capazes de chegar sozinhos ao estado de arhat, daí seu nome.

Quatro nobres verdades. A estrutura principal dos ensinamentos do Buda durante o primeiro giro da roda do Darma. Um resumo básico sobre o samsara e o nirvana em relação a causas e resultados. A primeira, a verdade em relação ao sofrimento, é a condição que permeia todos os aspectos e momentos da existência no samsara. A segunda, a verdade da origem do sofrimento, são as aflições mentais e as ações cármicas que são as causas do samsara. A terceira, a verdade da cessação do sofrimento, o nirvana, que é o estado que transcende a miséria do samsara. A quarta, a verdade do caminho que contém os ensinamentos e as práticas que são as causas que levam à verdade da cessação e, com isso, à libertação do samsara.

Rang-tong. A escola da "ausência do indivíduo." Ramificação do Caminho do Meio em que se encontram as explicações baseadas nos ensinamentos do Buda durante o segundo giro da roda do Darma. É composta pelas escolas do Caminho do Meio Autonomista e

Consequencial. Seu nome deriva da explicação que diz: os fenômenos são vazios de uma essência em particular – eles são vazios do que aparentam ser. Por exemplo, a afirmação "a mesa é vazia da mesa" é uma das afirmações que essa escola faria, pelo fato de que, quando analisamos uma mesa ou qualquer outro fenômeno com uma análise racional, não encontramos tal fenômeno.

Samsara. Existência cíclica na qual os seres sencientes que não percebem a verdadeira natureza da realidade vagueiam de uma vida a outra, ininterruptamente vivenciando o sofrimento.
Sanga. De modo geral, qualquer comunidade de praticantes budistas. De modo específico, a Sanga de arhats e bodisatvas nobres e realizados, que servem como guias e companheiros na jornada do Darma. É o terceiro dos Três Raros e Supremos.

Shravakayana (o veículo dos ouvintes) e Pratyekabudayana (o veículo dos budas solitários). Compõem o Hinayana, veículo fundamental do budismo, cujos princípios e práticas baseiam-se no primeiro giro da roda do Darma. Seu nome deriva da qualidade atenta com que seus adeptos escutam os ensinamentos do Buda. O fruto desse veículo é o resultado do nível de um arhat.

Sidha. "Alguém que acumula realizações." Um praticante que percebe a verdadeira natureza da realidade.

Três fases dos ensinamentos do Buda. Durante a fase de não análise, com a intenção de guiar seus discípulos a executar ações que fossem virtuosas, evitar aquelas que não fossem e renunciar ao samsara, enquanto ardentemente desejavam pelo nirvana que os faria praticar o Darma, o Buda descreveu as vidas passadas e futuras, os resultados e causas cármicas, o sofrimento do samsara e a libertação do nirvana como se fossem reais, sem uma análise da sua verdadeira natureza. Na fase de pouca análise, para ajudá-los a dissipar a ignorância a respeito da realidade autêntica, que leva a acreditar que as aparências realmente existem, o Buda ensinou que todos os fenômenos descritos na fase inicial não existem realmente e que a natureza do vazio de uma existência real é a verdadeira natureza da realidade. Na fase de análise completa, para ajudá-los a abandonar o apego à não existência, o Buda ensinou que a realidade genuína transcende os conceitos fabricados a respeito da existência e da não existência, aparência e natureza do vazio, assim como todas as outras noções do que ela possa ser. A realidade genuína está além do que o intelecto descreve ou compreende.

Três giros da roda do Darma. As três séries de ensinamentos que o Buda apresentou. Durante o primeiro giro, ele ensinou que a natureza do samsara é o sofrimento e que é possível chegar ao nirvana praticando o Darma. No segundo, que tudo no samsara e no nirvana tem a natureza do vazio. E, no terceiro giro, ele ensinou a respeito da natureza búdica, a essência iluminada da claridade luminosa que é a verdadeira natureza da mente de todos os seres sencientes.

As três raras e supremas ou as três joias preciosas. Referem-se ao Buda, Darma e Sanga – três objetos de refúgio da tradição budista. Refugiamo-nos no Buda, o mestre, contra o sofrimento do samsara. No Darma, como os ensinamentos a serem praticados. E, na Sanga, como a comunidade de praticantes nobres que perceberam diretamente a verdadeira natureza da realidade e servem como guias durante a jornada. Também conhecidos como as três joias preciosas.

Três reinos. Níveis de existência no samsara que os seres sencientes habitam: o reino do desejo, da forma e da ausência de forma. Os dois últimos são mais sutis e pertencem ao domínio exclusivo de certos deuses que passaram muito tempo cultivando estados específicos de absorção meditativa. O reino do desejo é povoado por seis classes de seres sencientes: seres nos reinos dos infernos, dos espíritos famintos, dos animais, dos humanos e certos tipos de deuses.

Vajrayana. "O veículo indestrutível." Série de práticas do Mahayana que é mantida em segredo.

Vinaya. Série de ensinamentos prescrita e proscrita pelo Buda com referência à conduta daqueles que tomam os votos budistas dos diversos yanas (veículos).

Este livro foi impresso em agosto de 2022
nas oficinas da gráfica Assahi,
em São Paulo, Brasil.